UN TOUR DE MÉDITERRANÉE

PAR

P. JOUSSET

ILLUSTRATIONS DE

R. de la Nézière

PARIS

ANCIENNE MAISON QUANTIN

LIBRAIRIES-IMPRIMERIES RÉUNIES

UN

TOUR DE MÉDITERRANÉE

PARIS

LIBRAIRIES-IMPRIMERIES RÉUNIES

2, rue Mignon. — 10180.

P. JOUSSET

UN
TOUR DE MÉDITERRANÉE

DE

VENISE A TUNIS

PAR

ATHENES, CONSTANTINOPLE ET LE CAIRE

150 illustrations d'après nature
et 8 aquarelles

Par R. DE LA NÉZIÈRE

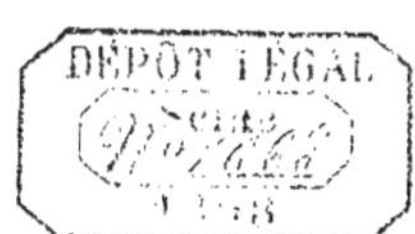

PARIS
Ancienne Maison Quantin
LIBRAIRIES-IMPRIMERIES RÉUNIES
MAY ET MOTTEROZ, Drs
7, rue Saint-Benoît, 7

I

DE PARIS EN GRÈCE

PAR VENISE, TRIESTE, LA DALMATIE ET CORFOU

~~~~

LE DÉPART

ORSQUE, en 1830, un Parisien cédait au démon des voyages, il partait guilleret, son parapluie sous le bras, par le coche de Saint-Cloud. Cela s'appelait : aller voir du neuf.

Il faut aujourd'hui voyager loin pour en trouver autant. La banalité, gagnant de proche en proche, a répandu sur toutes choses sa teinte grise uniforme. Plus de couleur ; le pittoresque disparaît : toute la France se ressemble. La Suisse elle-même, autrefois au bout du monde, est devenue banale ; ses montagnes, pavées d'hôtels et d'Anglais,
~~~~

sont connues comme les bornes d'une grand'route. On ne voit plus d'Italiens de l'autre côté des Alpes; les Napolitains sont à Paris, dans les ateliers des peintres. Les Écossais, les Grecs ont quitté leur pittoresque défroque, laissé leur jupe pour notre vilain veston. La redingote a émigré chez les Turcs, le gibus chez les Japonais. Peut-être que, dans vingt ans, lorsque le chemin de fer aura franchi la muraille de Chine, les Célestes couperont cet appendice caudal qui leur donne tant de grâce et casseront leurs larges lunettes pour arborer notre monocle ridicule. Il faut se hâter si l'on veut voir encore, autre part qu'au théâtre, des Chinois, des Indous, des Turcs, des Arabes et des Dalmates. Le chemin de fer, qui nivelle tout, galope comme un furieux, chassant le pittoresque : il n'y a d'autre ressource que de sauter en croupe et de galoper avec lui.

De Paris à Venise, il n'y a qu'un jour et deux nuits de voyage. Mais où sont les Vénitiens depuis que Venise est si près de Paris? D'ailleurs, la reine de l'Adriatique est toujours charmante à voir; surtout, elle regarde par-dessus les flots un pays qui est un véritable paradis pour les artistes. Peu de gens connaissent la côte dalmate, la Bosnie, l'Herzégovine, le Montenegro : c'est dommage, car les Slaves de ces pays ont conservé leur costume traditionnel et vont armés comme au temps du sultan Mahmoud. Peut-être n'y a-t-il pas en Europe un coin de terre aussi coloré que le leur : les peintres y trouveraient des trésors. Si l'on craint une déception, la Dalmatie et le Montenegro sont sur la route d'Athènes et de Constantinople. Quel charmant voyage de vacances! J'entends des gens qui se récrient. Mais nous avons tenté l'épreuve, et elle a réussi.

Quelque route que l'on prenne pour gagner *Venise*, il faut,

à moins de tourner par Nice ou de s'égarer en Tyrol, affronter
l'épreuve d'un tunnel sous les Alpes : on a le choix entre celui
du Saint-Gothard ou celui du Mont-Cenis. Le dernier est plus
court et mérite, à cause de cela, qu'on s'intéresse à lui. D'ailleurs
les Alpes de Savoie ne sont point inférieures aux Alpes de
Suisse et, pour beaucoup de
touristes, ont l'attrait de l'inédit.
Nous prîmes par le Mont-Cenis.

Le train s'enfonce dans les
montagnes en côtoyant le joli
lac du *Bourget*. Puis, gravissant
la pittoresque vallée de l'Arc
entre des cimes couronnées de
villages et de forts, il s'engouffre
essoufflé dans le tunnel, comme
dans un four. La chaleur est
intense, et c'est, il faut le dire,
le principal ennui de ce passage
qui ne dure pas vingt minutes.
Il est heureux qu'on ne songe
guère aux 1500 mètres de montagnes entassées sur ce minus-

Un coin du Mont-Cenis.

cule trou de rat : le noir donne plutôt un sentiment d'appréhension
que de la crainte. Mais avec quelle allégresse on salue la lumière
du jour! Comme on respire à pleins poumons! C'est une vive
jouissance, qui récompense largement d'une épreuve passagère.

Les Alpes sont à pic du côté de l'Italie; le train bondit avec
le torrent de la Doire dans une vallée sauvage : les roues ne
tournent plus, elles glissent. Nous tourbillonnons dans une avalanche de graviers et de cailloux. Enfin voici des maisons, des

arbres, des vignes. Entre les champs de neige et les prairies il y a comme une chute. Avant même d'y penser, nous étions à *Turin*.

Il faut être abandonné des hommes et des dieux pour s'arrêter même une heure dans cet échiquier monotone, dont les rues coupées à angle droit s'allongent comme les sentiers d'un parc aux huîtres.

Milan vaut un arrêt, ne fût-ce que pour secouer la poussière des Alpes. La vieille cité a disparu dans les luttes héroïques qu'elle soutint au moyen âge pour son indépendance. L'empereur d'Allemagne Frédéric Barberousse la fit raser au douzième siècle. Aussi n'y trouve-t-on guère de vestiges antiques : la haute colonnade de San-Lorenzo rappelle seule l'époque romaine. La perle de la ville moderne est sa cathédrale de marbre : deux mille statues peuplent ses flèches gothiques; la coupole élève à 108 mètres au-dessus du sol une tourelle audacieuse; ce ne sont que pointes, arceaux et contreforts. La beauté du monument paraît être à l'extérieur, et elle est pour le moins étrange. On entre dans cette église gothique, à coupole, par une façade renaissance : les voûtes sont peintes pour imiter des pierres sculptées à jour; mais ce n'est qu'un trompe-l'œil. Le toit du dôme est curieux; à travers un dédale d'escaliers, de corridors, de flèches, de statues, on arrive à la plate-forme qui domine la place, la ville et la campagne environnante. C'est un merveilleux observatoire que ce piédestal de marbre : la chaîne des Alpes, comme un cirque immense, ferme l'horizon; elle paraît, malgré l'éloignement, dans une lumineuse clarté; le Viso, le Mont-Blanc, le Saint-Bernard, le Rosa, le Saint-Gothard, ces vieillards géants, étincellent sous leur chevelure d'argent aux rayons du soleil. Le spectacle est grandiose.

Quand on a vu le dôme, la galerie Victor-Emmanuel qui est

Cathédrale de Milan.

proche, l'hippodrome bâti par Napoléon Ier, l'arc de triomphe du Simplon commencé par le même, et, dans le réfectoire de Santa-Maria delle Grazie, la Cène de Léonard de Vinci, on peut quitter Milan sans regret.

La route de Venise gagne le pied des Alpes vers Brescia et les passe en revue jusqu'au delà du lac de Garde. Cette terre a été largement arrosée de sang français : Lonato, Castiglione, Solferino, pointent de taches vermeilles les abords du défilé dont Mantoue est la tête, et par lequel l'aigle autrichienne a été renvoyée dans ses montagnes, toute prête encore à fondre sur l'Italie.

Nous causions Triple Alliance avec un compagnon de route. « Après tout, nous dit-il, la France a été largement récompensée du concours intéressé qu'elle nous a fourni contre l'Autriche : Nice et la Savoie ont payé Solferino. » Tous les Italiens pensent de même, sans se douter, les innocents, que l'Autriche, dédaignant de traiter avec eux, à Villafranca, nous cédait la Lombardie pour prix de la victoire. Nous l'avons ensuite remise à l'Italie, et la Savoie nous est venue en retour, avec le consentement, cent fois exprimé depuis, des populations annexées. La Savoie n'est pas un cadeau ; c'est à peine un échange. Mais allez donc faire entendre cette vérité limpide à des gens qui n'aiment pas plus la vérité que d'aucuns l'eau claire. « Oui, reprit notre interlocuteur, Solferino a été bien payé, trop bien payé même, car vous nous avez enlevé la gloire de vaincre les Autrichiens tout seuls! » Pour le coup, nous restâmes ébahis. Mais pourquoi se fâcher? Il est si humiliant d'être l'obligé de quelqu'un! Je demandai timidement à notre héros s'il croyait que la Provence et la Bourgogne eussent été une compensation suffisante pour le dommage que nous avions causé aux Italiens. Il ne parut pas trop surpris : nous jugeâmes que c'était un fou.

VENISE

L faisait nuit quand on annonça *Venise*. Aussitôt chacun se presse, comme toujours, aux dépens de ses voisins : on se hâte vers la porte. Quelques marches, et puis... c'est tout : la mer est là. Ce vide inattendu produit un singulier effet; mais on se remet vite. Une flottille de gondoles se balance près du bord, comme une volée de cygnes noirs le long d'un étang : leurs yeux de feu brillent dans la nuit et dansent au gré de la vague.

Venise a ses omnibus, mais ce sont des gondoles un peu plus grandes que les autres. On s'y faufile comme l'on peut, entre les paquets et les pieds des voyageurs. Les gondoliers crient; on crie comme eux instinctivement : « Je vais à tel endroit! Et ma valise? L'avez-vous? — Si, signor! Avanti! » Et au risque de chavirer cent fois dans la cohue, notre gondole démarre et s'éloigne silencieusement dans l'ombre.

Nous glissons immobiles, comme en rêve. Bientôt paraissent les premières maisons; quelques lumières pointent les ténèbres, nous pénétrons dans les rues. A chaque détour, le gondolier donne de la voix, mais sans effort et comme pour ne pas troubler l'écho; sa longue rame, qui pousse et dirige la gondole de l'arrière, nage sans bruit entre deux eaux : nous filons avec assurance le long des grands murs, sous les ponts en ogive. Peu à peu, avec le mouvement et la lumière, l'appréhension fait place au plaisir, et l'on se laisse aller au charme de cette promenade si nouvelle et si douce. L'eau paraît moins profonde, elle l'est en effet. Depuis plus de mille ans que la vase et le reste s'entassent dans les rues

VUE DE VENISE.

de Venise, il n'est pas étonnant que le fond monte peu à peu. Mais, lorsque le flux remue cette boue épaisse, il s'élève une odeur vieillotte qui n'est point celle d'un champ de roses. Nous en eûmes ce soir même l'agréable surprise.

Tous les chemins, dit-on, mènent à Rome; ici tous les canaux mènent à *Saint-Marc*. Nous eûmes la bonne fortune d'y arriver comme tout Venise s'y trouvait en fête. Ce fut, au sortir des ténèbres et du silence, le plein jour et le bruit. La place immense disparaît sous les flots serrés d'une foule houleuse : tout autour, des portiques de marbre ruissellent de lumière, et, dans le fond, comme un décor de féerie, la vieille basilique étincelle de mille feux que renvoient ses mosaïques de couleur à fond d'or. Sur une estrade élevée, la musique éclate en joyeuses fanfares : on se presse sous les arcades, on cause, on rit autour des tables. Il paraît que Venise fête six cents pompiers hongrois, que le feu des aventures a poussés jusqu'ici. Est-ce parce que l'Europe vit sous la menace d'une conflagration générale que l'on rencontre partout des pompiers qui se promènent? Nous en vîmes, ce soir-là, qui portaient des éperons. A Venise, où le seul cheval qui existe fait la joie des badauds, au Jardin zoologique!

Mais il ne faut point médire des pompiers. Nous leur dûmes d'entendre comme un écho lointain des fêtes d'autrefois et d'entrevoir Venise au temps où, rayonnante de jeunesse, elle vivait dans l'allégresse et les plaisirs.

Bersagliers.

La place Saint-Marc est le cœur de la cité. Un palais de marbre continu, les Procuraties, l'entoure de trois côtés. C'était la résidence des neuf procurateurs, les magistrats les plus puissants de la République après le doge. A chaque instant du jour, mais surtout aux heures des repas, des nuées de pigeons s'abattent sur la place et viennent familièrement picorer jusque dans la main les graines qu'on leur donne. Ils sont là comme chez eux. Une tradition rapporte que le doge Morosini, lorsqu'il assiégeait Candie, reçut par un couple de ces oiseaux une nouvelle importante. Il prit un soin reconnaissant des intelligents messagers, et, depuis ce jour, leurs descendants sont traités comme citoyens de Venise.

Saint-Marc est une église byzantine à coupoles, édifiée autour d'une vieille construction romane : cinq arcades ogivales ornées de mosaïques s'élèvent au-dessus de cinq portes en plein cintre. Ce mélange de styles produit un ensemble bizarre au premier abord, mais ne manque pas de grâce. Le marbre et l'or ont été prodigués avec une magnificence tout orientale. Cinquante colonnes s'entassent au portail et décorent l'intérieur; les mosaïques des voûtes et du sol couvriraient 4000 mètres carrés. On sent trop ici l'accumulation successive des richesses et le désir de paraître. Tout cela est fait de morceaux rapportés. L'une des portes de bronze vient de Byzance; la pala d'Oro, qui surmonte le maître-autel, également. Le corps de saint Marc, qui repose sous l'autel, a été apporté d'Alexandrie; au fond du chœur, des colonnes torses en albâtre proviennent du temple de Salomón. Dans la nef, se voient une pierre du mont Thabor et celle qui servit à la décollation de saint Jean-Baptiste. Le trésor, comme le reste, est formé de dépouilles : des diptyques provenant de Sainte-Sophie, un calice en agate, l'épée du doge Morosini qui bombarda le Parthénon, se mêlent à des inscriptions cunéiformes de Persépolis. Et, pour compléter ce bizarre assemblage, quatre chevaux de bronze attribués à Lysippe sont

Venise. — Église Saint-Marc.

nichés au-dessus du portail, après avoir orné à Rome l'arc de triomphe de Néron, la tribune impériale de l'Hippodrome à Constantinople et le Carrousel à Paris. On se demande ce que font ces chevaux à la porte d'une église. Saint-Marc est un musée de marbre, de mosaïque et d'or. On n'y retrouve point la pensée créatrice d'un maître; toutes les générations y ont travaillé à leur manière, et il est facile d'y lire comme dans un livre aux riches enluminures l'histoire même de la cité.

Toute la place Saint-Marc est un musée historique. Les trois-mâts alignés devant la basilique portaient autrefois les drapeaux de trois royaumes conquis : Chypre, Candie, Morée. La haute tour qui les domine est le Campanile, du haut duquel, dans une logetta qui fait saillie, les procurateurs surveillaient la flotte en attendant les ordres du grand Conseil. Cette tour marque le point où la place, tournant à angle droit, se prolonge vers la mer en formant une petite place, la Piazzetta. Voici deux colonnes couvertes de monogrammes grecs : elles viennent de Ptolémaïs. Plus loin, c'est le bloc de porphyre, du haut duquel la République faisait proclamer ses édits. Enfin, tout près de l'eau, deux colonnes de granit portent, l'une le lion ailé de saint Marc, l'autre saint Théodore, ancien patron de Venise, sur son crocodile. Ce saint en équilibre sur un crocodile fait, pour le moins, un aussi drôle d'effet que les chevaux de Lysippe à l'entrée de l'église.

La Piazzetta s'ouvre entre la Monnaie (Zecca) et le *palais des Doges*. Une masse énorme, reposant du côté de la place et de la mer sur une double galerie d'ogives superposées, voilà tout le palais. Ces grands murs mystérieux, percés de rares fenêtres, contrastent avec la richesse des galeries qui les supportent, et trahissent l'influence de l'Orient. Si l'on aime les souvenirs, le palais des Doges en est plein. Une porte de marbre et l'escalier

Caserne à Venise.

des Géants conduisent, entre les statues colossales de Neptune et de Mars, jusqu'à la salle du grand Conseil, hall immense dont les murs racontent les exploits de Dandolo et des Français entraînés par lui à la conquête de Constantinople. Le second étage n'est qu'une enfilade de salles que décorent les tableaux du Tintoret, de Véronèse et du Titien. Sous les toits, les *plombs*, anciennes prisons d'État, où sombrèrent dans l'oubli tant de noms illustres; entre le palais et les nouvelles prisons, le *pont des Soupirs*, sorte de couloir fermé jeté pour les prisonniers au-dessus du canal. Que de malheureux ont dû trébucher de là-haut dans le vide! On se sent mal à l'aise dans le palais des Doges; il y règne comme une atmosphère alourdie par dix siècles d'une domination soupçonneuse et sans pitié.

Ce qu'il y a de plus curieux à Venise, ce ne sont pas les monuments, c'est Venise elle-même. Rien de nouveau comme cet enchevêtrement de ponts, de rues et de canaux : on dirait l'amusante fantaisie de quelque dieu malin. Les premières maisons de la ville s'établirent comme elles purent, au petit bonheur, sur les îlots des lagunes. On sait com-

ment les alluvions entraînées des montagnes par les eaux torren-
tueuses de la Brenta et de l'Adige refoulèrent peu à peu les
flots de l'Adriatique, et formèrent au large ces sortes de digues,
lidi, à l'abri desquelles d'autres points émergèrent comme dans
un immense marécage. Les habitants du littoral, fuyant sous la
menace des Lombards, se réfugièrent sur ces *lidi* et jetèrent les
fondements de Venise. En peu de temps, la ville s'étendit à la
ronde, conquit les terres voisines, poussa jusqu'en Orient et domina
la mer. Depuis trois siècles, sa puissance est tombée ; la prise de
Constantinople par les Turcs a tari les sources de sa richesse,
et la découverte d'une nouvelle route des Indes, en changeant
l'équilibre commercial, l'a laissée en dehors des grands courants
par où passe la richesse du monde. Aujourd'hui, Venise paraît
vouloir secouer son long engourdissement et essayer de revivre
les beaux jours d'autrefois.

On peut douter qu'elle y parvienne malgré les efforts qu'elle
déploie et les progrès accomplis déjà. Mais, quoi qu'il arrive, il
est une richesse qu'elle gardera toujours, c'est, avec le charme des
souvenirs, l'imprévu et la grâce de ses mille détours semés comme
de fantaisistes arabesques sur le manteau bleu de l'Adriatique.

Dans aucune ville on ne rencontre tant de surprises. Excepté
sur les quais du large ou du grand canal, il n'y a pas d'horizon.
Les rues vont, viennent, tournent, reviennent sur leurs pas pour
éviter une maison, longer une église, gagner un petit quai, passer
un pont ; tout cela d'un air si bon enfant qu'on ne peut s'empêcher
de sourire. Elles n'ont point, ces miniatures de rues, dont la plus
grande n'est pas large comme, à Paris, la rue du Chat-qui-pêche,
l'air prétentieux et solennel de nos grands boulevards. Chez nous,
les ingénieurs, les architectes ont tiré de grandes lignes au cordeau
et ajusté exactement l'une à l'autre, le long des grandes voies,

leurs maisons insipides. Ici on a construit les maisons d'abord, après quoi les rues se sont placées comme elles ont pu. Aussi chaque détour découvre un petit monde nouveau. Je ne sais rien de plus amusant que d'aller de la place Saint-Marc au pont du Rialto par la Merceria, la principale rue de Venise. Tout un peuple s'y presse, alerte et gai, sans contrainte; on a peine d'abord à l'imiter en marchant au milieu de la rue. D'instinct l'on file, de peur des voitures, dans la direction du trottoir absent. La rue tout d'une pièce a l'air d'un corridor. Aussi est-ce merveille de voir comme chacun circule, s'arrête, chuchote en passant quelque bonne histoire à l'oreille d'un ami, se hâte ou se promène avec une liberté charmante. On est à l'aise, comme chez soi. Peu de bruit : le tapage des voitures est inconnu, et, lorsque le sifflet du chemin de fer ou des bateaux à vapeur n'éveillait pas encore les mille voix des rues et des canaux sonores, il planait sur la ville une douce somnolence, comme dans les villes endormies de l'Orient.

Venise en effet est une ville orientale. Les Vénitiennes, enveloppées dans leur châle léger et traînant avec nonchalance leurs socles à hauts talons, rappellent à s'y méprendre les femmes de Constantinople, voilant sous le mystère du féredjé leur curiosité inquiète et paresseuse. Elles ont ainsi, les Vénitiennes, une grâce particulière; beaucoup d'entre elles ont les cheveux blonds couleur de feu, que Véronèse a copiés. Mais il s'agit, on l'a compris, des femmes du peuple : les autres sont comme ailleurs. Il faut les voir, au marché du Rialto, circulant ébouriffées au milieu des étalages de fruits : les barques, arrivant à chaque instant, déchargent sur le quai des montagnes de tomates, de melons, de pêches et de raisins. Sous l'azur du ciel, autour du pont de marbre éclatant de blancheur, toutes ces couleurs qui se mêlent, cet essaim qui bourdonne forment un tableau d'une grâce et d'un éclat sans pareils.

UNE RUE DE VENISE.

Le pont du Rialto, comme un arc énorme, enjambe le *grand canal :* il forme, avec la double ligne de palais qui suit ce large fleuve jusqu'à son embouchure, ce qu'on appelait le grand bassin. C'est là que Venise en fête se donnait rendez-vous. Les patriciens y avaient élevé de somptueuses demeures. On peut, en revenant

Marché du Rialto.

vers Saint-Marc en gondole, se donner le plaisir de les passer en revue. Quelques-unes sont en ruine et s'effondrent sur leurs pilotis séculaires ; d'autres s'effritent sous le soleil ardent et l'air salé de la mer ; la plupart ont grand air avec leurs arcades et leurs ogives orientales, leurs loggias finement découpées, leurs grands mâts armoriés plantés près du seuil, attendant la gondole du maître. Plusieurs, comme le palais Contarini, le palais Foscari, le palais

3

Corner-Spinelli, méritent une visite; mais il n'entre point dans les limites étroites de cette simple relation d'en donner une description détaillée. Quelques-unes ont été réparées avec goût, et l'on envie le sort des heureux propriétaires; car rien n'est plus gracieux que ces palais de marbre, flottant comme des cygnes, à fleur d'eau, dans un décor incomparable.

Le grand canal a ses palais et son large horizon; les petits canaux, comme les rues, abondent en surprises. Que de coins pittoresques on rencontre à l'aventure! Ici, une vigne vierge suspend sa longue chevelure de

Porteuse de lait à Venise.

pourpre et d'or à une légère arcade et se mire dans l'eau avec les rayons du soleil; là, dans un coin plein d'ombre, un platane étend ses bras noueux sur les canaux du voisinage. Dans les ruelles écartées, à l'heure de la sieste, c'est un silence presque complet. De temps à autre, une fenêtre qui s'ouvre, un rat qui plonge, un insecte qui bourdonne, et c'est tout.

Mais les rues principales sont animées à chaque heure du jour par une multitude de barques, de gondoles, de chalands, qui s'entre-croisent dans tous les sens. Voici la poste qui passe; plus loin, dans un encombrement, c'est le gros camionnage. Un monsieur, tout près de nous, transporte son jardin en bateau; une marchande de lait accroche au bout d'une corde, qu'on lui tend du cinquième étage, la petite mesure quotidienne. C'est simple et

ingénieux. Du reste, en cette charmante ville, on est aussi peu
compliqué que possible. Tout vient du canal et tout y retourne :
c'est l'égout universel. Aussi les rats ont-ils toujours table servie :
à chaque instant leur provision se renouvelle, et il n'y a que les
novices pour détourner la tête au moindre bruit d'un corps dans
l'eau. Si la mer, qui purifie tout, ne se chargeait du service de
voirie, Venise deviendrait en peu de temps un marécage pesti-
lentiel. Mais elle n'a garde : l'eau des canaux se renouvelle par
le flux et le reflux, la brise du large rafraîchit l'air et, le soir
surtout, par un ciel étoilé, dans le calme et le silence, il y fait
délicieux.

Venise a sur toutes ses rivales le privilège d'éveiller doucement la curiosité sans jamais la fatiguer. Il faudrait, pour la bien
voir, se laisser bonnement aller au gré de sa gondole, visiter ce
que l'on trouve sur sa route : aujourd'hui une église, demain un
musée, ici un atelier de verreries, là une fabrique de mosaïques
ou de dentelles. Mais la plupart des voyageurs qui passent n'ont
point d'ordinaire assez de loisir. Ils courent en hâte aux Frari, à
l'arsenal, au Lido, et
les voilà partis, ayant à
peine entrevu Venise et
goûté ce qui en fait le
charme principal, le
calme profond, le gra-
cieux laisser-aller de
toutes choses qui re-
pose et verse dans l'âme
cette jouissance déli-
cieuse de sentir que l'on
vit.

Un monsieur transportait son jardin en bateau.

Nous ne pouvions partir ; mais, après avoir longtemps attendu, il fallait songer à l'Orient. Jamais Venise ne nous parut si séduisante qu'en recevant notre dernier adieu. Le soir venu, tandis que des milliers d'étoiles brillaient au ciel, nous prîmes une gondole à la Piazzetta, et Antonio notre pilote poussa doucement au large, vers un point lumineux, d'où venait une vague et lointaine harmonie. Peu à peu le point grandit, les sons devinrent plus clairs : deux gondoles pleines de voix et d'instruments chantaient, sous des guirlandes de lumière, la *Santa Lucia* des Napolitains. Une couronne de gondoles entourait les artistes : nous prîmes place en silence ; mais bientôt, entraînés par la mélodie, nous fîmes comme les autres, nous chantâmes *Santa Lucia*. Antonio transporté chantait aussi ; les gondoliers, sous leur apparente indifférence, ne peuvent échapper à cette poétique nature qui leur a servi de berceau. On trouve sous la bure de ces braves gens de véritables artistes. Le nôtre nous dit ce soir-là tous les airs d'opéra qui se chantaient, il les murmurait en sourdine. Le concert terminé, quelques artistes détachés passèrent d'une gondole sur l'autre et firent la quête. Bientôt le groupe se dirigea vers Saint-Marc et entra dans le canal qui sépare le palais des Doges des nouvelles prisons. Sous le pont des Soupirs une voix superbe entonna le *Trovatore* : de tous côtés les gondoles arrivaient, se rangeant en silence. Au loin, sur l'ogive d'un pont, les passants se pressaient. Jamais je n'oublierai ce concert improvisé en pleine nuit sous les étoiles ; les voix rebondissaient sur le cristal de l'eau et montaient, comme dans un tuyau sonore, entre les murs élevés des maisons, vibrant ainsi qu'un instrument divin. L'émotion nous gagnait. Un Anglais, à côté de nous, tressautait dans sa barque. Enfin il fallut nous arracher à ce spectacle inoubliable. Notre gros mastodonte de bateau à vapeur soufflait au large et appelait de sa grosse voix les voyageurs pour Trieste. Nous le rejoignîmes en toute hâte, non sans regarder bien souvent en arrière.

Après quelques horions, bagages et voyageurs furent bientôt installés; l'échelle se leva, on partit. Tous les yeux restent fixés sur les quais de Saint-Marc étincelants de mille lumières. Les voix nous arrivent lointaines : déjà les lumières se confondent. Une seule brille encore, comme une étoile, à côté du palais des Doges. Il paraît qu'un malheureux fut autrefois exécuté et, depuis, reconnu innocent : la pitié publique lui a consacré cette lampe en expiation. C'est le dernier souvenir que Venise laissa dans nos yeux attristés. Bientôt l'étoile pâlit et disparut : nous étions en pleine mer, dans la nuit.

Le lendemain, nous entrâmes à *Trieste*, avec le soleil.

TRIESTE

A vieille Tergeste des Romains occupe le fond de l'Adriatique, au pied d'un cirque de montagnes ravagées par la bora. Quand souffle ce vent terrible, il déracine les maisons comme les arbres. La rafale, en ces dernières années, souleva même un train et le précipita en tourbillonnant dans le vide, comme un simple fétu. Aussi l'aspect des montagnes qui environnent Trieste est-il des plus tristes : le soleil, renvoyé par les rochers mis à nu, échauffe l'eau du golfe comme dans une immense chaudière; l'air est brûlant; les pavés des jetées rayonnent comme les briques d'un four.

Trieste a détrôné Venise et attiré tout le commerce de l'Adriatique, de l'Albanie et de la Grèce. C'est l'avant-poste commercial de l'Autriche vers l'Orient. De grands travaux y ont été faits, ou sont en cours d'exécution. L'ancien port, avec le môle Sainte-Thérèse, a été pourvu d'un phare et de deux môles nouveaux. Devant la gare qui longe le golfe à l'extrémité de la ville, on construit un port neuf avec trois immenses bassins bien pourvus. Le long des deux ports, dans l'angle de fond qui les réunit, la nouvelle ville étend ses rues tirées au cordeau, pavées de larges dalles sans trottoir. On dirait

A Trieste.

les conduits surchauffés d'une étuve : le feu circule dans les rues. Point d'arbres pour respirer un peu. Seulement, dans les voies les plus fréquentées, des toiles étendues le long des maisons sur de massives colonnes de pierres donnent un peu d'air et de fraîcheur. La nouvelle Trieste est un vaste entrepôt; tout y est aménagé dans ce but. Le port se prolonge jusqu'au milieu des

Prètre catholique
à Trieste.

maisons par un canal, et d'impénétrables sous-sols ouvrent partout leur gueule béante, où s'engouffrent par tas des caisses et des ballots. A peine, au bout de la ville, trouve-t-on un jardin sec et aride, dont les arbres grisonnent sous la poussière. C'est navrant pour le touriste, mais bien commode, paraît-il, pour le commerce.

Comme il sied à une ville d'affaires, la Bourse est le plus grand édifice de Trieste. Elle est originale et se compose de deux immenses galeries vitrées disposées en croix; l'extérieur est occupé par des magasins, et l'ensemble s'appelle le *Tergesteum*. Tous les jours, de midi à deux

Vue de Trieste et du port.

heures, on y trouve un curieux assemblage de costumes et de types variés : les Grecs y montrent leur jupe aux mille plis sous une veste richement brodée ; on coudoie des Levantins aux larges pantalons de soie reliés à la cheville, des Croates à la large carrure et au teint de bronze. Déjà nous sommes en Orient.

A côté du Tergesteum s'élève le théâtre et, sur la place de l'ancienne Bourse, la statue de Léopold Ier ; plus loin, le palais du Lloyd autrichien, puissante compagnie maritime qui a pendant longtemps accaparé au profit de l'Autriche le commerce de l'Adriatique : ses ateliers de construction forment, de l'autre côté de la ville, un véritable arsenal d'État ; sa flotte est nombreuse. Mais il est à craindre que ses beaux jours ne soient passés ; nous avons entendu exprimer des doutes à cet égard, qui ne semblent pas dictés par la malveillance. Il est juste d'ailleurs de constater que le commerce de Trieste, florissant il y a dix ans, a subi un temps d'arrêt. Venise n'aurait-elle point en vain essayé de se relever ?

Les bateaux de la Compagnie du Lloyd desservent toute la côte de Dalmatie ; car l'Autriche étend la main sur le littoral, de Trieste jusqu'aux bouches de Cattaro, non loin des îles Ioniennes. Rien de plus commode, pour visiter cette côte si riche en souvenirs, si pleine de couleur et qui mériterait tant d'être mieux connue. On fera bien, en passant devant le palais du Lloyd, de prendre son billet sans attendre, car les bateaux sont petits et d'ailleurs il n'y a rien à faire à Trieste. Regarder en passant l'Hôtel de

Ordonnance d'officier.

Ville et la fontaine de Marie-Thérèse; escalader le rocher sur lequel se dresse la vieille cathédrale et la forteresse qui domine la mer; flâner un peu dans le fatras de vieilles maisons qui forment l'antique cité, — en voilà plus qu'il ne faut pour attendre le départ du bateau.

Route de Miramar.

On regretterait certainement de quitter Trieste sans avoir fait le pèlerinage de Miramar. C'est de cette demeure princière que l'infortuné Maximilien partit pour aller recevoir au Mexique la couronne qu'il devait arroser de son sang. Miramar était son séjour de prédilection : de ce rocher qui regarde Trieste à l'autre bout du golfe, il avait fait un jardin charmant semé de palmiers, de lauriers roses et entouré d'une véritable forêt. C'était un défi jeté à la nature. Le château est tel qu'au moment où son hôte illustre le quitta et l'on ne peut voir sans un serrement de cœur la chambre qu'il avait fait aménager comme sa cabine de bord, au temps où il était grand amiral de la flotte autrichienne.

La route de Miramar se développe le long du golfe en suivant le pied des rochers : quelquefois elle s'élève, et le pano-

rama de Trieste, de Miramar et du fond de l'Adriatique, avec les
navires qui le sillonnent, est vraiment superbe à voir. A mi-
chemin l'on s'arrête à Barcola. C'est une petite
plage très fréquentée par les habitants de Trieste;
la musique et la bière y sont excellentes, comme
partout en Autriche. Nous n'avions pu nous
empêcher de rire, en arrivant à Trieste, à la vue
d'un vieux colonel autrichien qui éventait sa
barbe blanche avec un éventail de papier rose :
nous fûmes trop heureux, à Barcola, qu'on nous
servît un éventail avec la bière. La chaleur emma-
gasinée pendant le jour est si intense au bas de
ces rochers que la brise de mer ne suffit pas
à la dissiper. Dans le tramway, pour revenir,
c'était pis encore, à cause de l'entassement inévitable. Trieste est autrichien, mais on y parle

Un vieux colonel autrichien
qui éventait sa barbe.

italien couramment : « Avanti la carossa ! » criait le cocher en
fouettant ses chevaux. Et le modeste char à bancs filait comme
l'éclair. Ce fut notre dernier souvenir de Trieste. Au matin, dès
qu'il fut jour, nous mettions le cap sur Pola.

LA DALMATIE

Rieste est le port commercial de l'Autriche, *Pola* en est le port militaire : c'est par là qu'elle tient l'Adriatique. Pola n'est accessible que par un canal plusieurs fois replié sur lui-même et dominé par des forts nombreux : il ne doit pas être facile d'y entrer de vive force, mais peut-être aussi d'en sortir. Comme une large tête de reptile, le port s'étale au bout de ces nombreux replis. Près du bord se dressent de magnifiques arènes, les mieux conservées peut-être de toutes celles qu'ont élevées les Romains; nous avons entendu quelqu'un les préférer au Colisée lui-même. A l'autre extrémité du port s'étend la rade de guerre, où les gros cuirassés attendent, recueillis et silencieux, le moment de franchir les barrages qui les retiennent. Entre les arènes et le port de guerre s'étend la ville et, au-dessus, domine la glorieuse statue de l'amiral Téghéoff. C'est lui qui, avec une mauvaise flottille, battit si gaiement, à Lissa, la flotte cuirassée des Italiens.

J'ai entendu raconter la bataille par un pilote italien qui faillit y périr. Tout en rendant hommage à la présence d'esprit et au courage de l'amiral autrichien, il avait une plaisante manière de sauver l'honneur italien compromis. « Ce sont, dit-il, des Dalmates, c'est-à-dire des Italiens, qui composent la meilleure partie des équipages de l'Autriche, et ce sont ainsi des Italiens qui ont été vainqueurs : que serait-ce si, au lieu de s'entre-tuer, les frères séparés s'étaient unis contre l'ennemi commun ! » Ce raisonnement superbe me rappelait Solferino. Battus ou vainqueurs à demi, les Italiens ont toujours gagné quelque chose à la guerre; l'existence même de l'Italie en est la preuve. Et croyez bien que l'on compte encore là-dessus de l'autre côté des Alpes : le sort de la guerre ne se décide point sur les champs de bataille; le tout est de savoir en tirer parti.

Les arènes de Pola remontent au deuxième siècle et se composent d'une double rangée d'arcades en parfait état de conservation. Les énormes pierres brutes superposées donnent à l'ensemble l'aspect d'un ouvrage de géants. On voit encore à l'intérieur les restes de la tribune impériale, les souterrains par où venaient les bêtes fauves, et les canaux par où affluait l'eau qui transformait les arènes en naumachie. Les amas de terre et les herbes folles ont recouvert les gradins : par le soleil de midi, on y cuit; il semble que les broussailles vont prendre feu. D'ailleurs, la vue de la mer au travers des arcades est d'une grande beauté : sur le bleu du ciel et des eaux, les mâts se découpent, et l'on voit de temps en temps, comme un vol de mouettes, passer quelques voiles blanches. Les arènes sont fermées par une grille solide : on n'y pénètre guère, et ce désert étroit, dont les arcades sonores répercutaient au loin les éclats de la foule et les rugissements des bêtes féroces, n'entend plus aujourd'hui que le cri-cri des grillons sous le soleil de midi, ou le frôlement des lézards dans l'herbe sèche. Nous vîmes, sur le point de sortir, le dernier habitant de cette solitude : une chatte entourée de ses petits.

Marchand de pipes.

Pola est une ville de poussière : on y vient de fort loin s'approvisionner d'eau à l'unique fontaine. De beaux vestiges rappellent son antique prospérité : le temple d'Auguste et de Rome, charmant petit édifice qui rappelle la Maison Carrée de Nîmes; la Porte dorée, et le double portique, ou Porta Jovia, qui conduisait au Capitole.

Le tour de ville se fait en quelques heures; à part quelques costumes de paysans venus des montagnes environnantes, rien n'éveille la curiosité. Par une touchante habitude, les chiens trouvent aux portes de l'eau toujours fraîche dans une sébile de pierre. Cet usage est dû sans doute à quelque malheur passé; la rage doit être fréquente dans une ville aussi sèche. Les Romains, eux, n'avaient pas de sébiles, mais de magnifiques réservoirs qui versaient, avec des flots d'eau claire, la joie et la prospérité. Il n'en reste plus rien : Pola est une ville déchue, et, si la marine de l'Autriche ne lui donnait un peu de vie, ce ne serait qu'un grand village.

Le triangle d'Istrie, dont Pola occupe le sommet comme un poste avancé contre l'Italie, sépare le golfe de Trieste du golfe de Quarnero, Trieste de Fiume, le port de l'Autriche du port de la Hongrie. Nous l'avons constaté plusieurs fois : la rivalité jalouse qui a mis si souvent aux prises les Hongrois et les Autrichiens se trahit dans les choses du commerce comme dans celles de la politique. Les Hongrois sont fort amis des Italiens, par une commune pensée de défiance contre l'Autriche. Peut-être faut-il attribuer à ce sentiment le rapprochement que l'on a voulu faire du golfe de Quarnero et du golfe de Naples. On ne peut le nier, la route qui domine le golfe de Quarnero est superbe : Abazzia, dans son fouillis de lianes et de fleurs, rappelle Castellamare; les promontoires de verdure qui s'avancent dans la mer sont d'une fraîche poésie. Mais toute cette terre dort : celle de Naples est vivante. Qui parlait hier du golfe de Quarnero? Qui n'a parlé de celui de Naples, où la grandeur des souvenirs et la grâce d'une nature exubérante enveloppent et émeuvent les plus indifférents?

Le golfe de Quarnero est semé d'îles sans nombre; quelques-unes, paraît-il, sont à vendre. Mais, à moins de savoir prendre les poissons à la nage et les oiseaux au vol, le Robinson qui ferait cet achat courrait fort le risque de sécher en peu de temps comme les pierres de son royaume. Les plus belles de ces îles sont habitées par une population de pêcheurs audacieux parmi lesquels l'Autriche recrute ses meilleurs marins.

A travers ce dédale on arrive à *Zara*. Cette ville est fille de Venise : on le voit à ses rues étroites et dallées, sans trottoir; tout y est petit, resserré, mystérieux. Dans ces rues minuscules circule une population extraordinaire; car, à part les Italiens qui peuplent la ville en majorité, les

A Pola.

Dalmates, d'origine slave, y affluent tous les jours, de la campagne. C'est au marché qu'il faut les voir ou à la porte de Venise, lorsqu'ils entrent en ville chargés de volailles, de légumes et de fruits. Ces grands gaillards de six pieds et plus, avec leur calotte rouge posée sur l'oreille, leur veston jeté sur l'épaule à la hussarde, leur ceinturon garni de longs couteaux, n'ont point l'air de trembler. C'est parmi eux que le roi de Prusse Frédéric-Guillaume recrutait les colosses de sa garde.

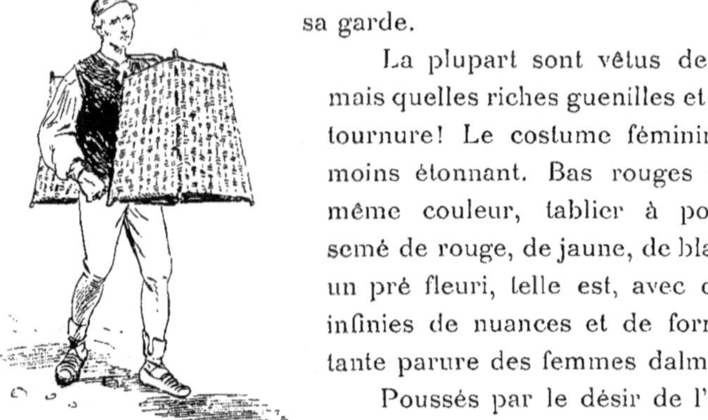

Dalmate venant au marché.

La plupart sont vêtus de lambeaux: mais quelles riches guenilles et quelle fière tournure! Le costume féminin n'est pas moins étonnant. Bas rouges et fichu de même couleur, tablier à pois, corsage semé de rouge, de jaune, de blanc, comme un pré fleuri, telle est, avec des variétés infinies de nuances et de formes, l'éclatante parure des femmes dalmates.

Poussés par le désir de l'admirer de près, nous sortîmes un soir, dans la campagne, par la porte de Venise. La route suivait le bord de la mer, presque à fleur d'eau, sous les rayons du soleil couchant ; nous allions devant nous, jusqu'au prochain village. Par hasard, une jeune Dalmate qui s'y rendait nous en indiqua le chemin et fit route en causant avec nous. Je crus comprendre (car l'italien m'est peu familier et le slave encore moins) qu'elle venait de la ville où, durant toute la journée, la malheureuse avait, pour dix sous, porté sur sa tête le mortier d'une maison en construction. Il en est ainsi sur toute la côte dalmate : les femmes sont employées aux plus rudes travaux; on les traite un peu comme bêtes de somme. Le mari, lui, est par nature un guerrier; il fume ou fait la guerre, mais dédaigne le travail servile. Le pays d'élection de ces mœurs étranges se trouve dans les montagnes qui couvrent la Bosnie, l'Herzégovine, le Montenegro et l'Albanie. Nous eûmes plus d'une fois l'occasion de les saisir sur le vif : elles

Route de Zara.

tiennent sans doute à l'état de menace perpétuelle dans lequel ont vécu ces populations depuis la conquête turque. Mais les modifications survenues dans l'existence politique des Slaves ne peuvent tarder à modifier ces mœurs. Dispersées dans les montagnes, comme pour la petite guerre, les tribus slaves commencent à se reconnaître et se souviennent qu'elles ont formé une grande nation.

Sous un pin parasol qui s'élevait près de la route, au milieu d'un pré, nous vîmes un groupe d'hommes, armés jusqu'aux dents, couchés en cercle, la fumée de leurs pipes formant au-

dessus de leur tête comme une auréole. C'était le Conseil muni-
cipal qui délibérait. On n'est pas plus champêtre avec un air si
rébarbatif. Le village nous offrit une extrême variété de costumes :
entre tous, le boucher, qui est ici un des principaux personnages,
éclatait sous le rouge et l'or bruni de sa royale défroque. Nous
revînmes à la nuit, plus rassurés, dans ce pays inconnu et plein

Types Dalmates.

de gens armés, qu'à Paris vers minuit dans une rue écartée, sous
l'œil bienveillant de la police.

Zara ne s'est point relevée de la chute de Venise ; elle étouffe
derrière ses vieilles murailles, groupées autour d'un port qui n'est
plus assez profond, même pour les vaisseaux de moyenne grandeur.

Le lion de Saint-Marc a posé sa griffe sur toutes les portes
de Zara. *Spalato*, sa voisine, l'a presque oubliée. C'est une ville
toute romaine, construite dans l'ancien palais de Dioclétien : les
quatre portes du palais sont devenues les quatre portes de la ville ;

on voit encore le péristyle du palais, la loggia impériale, le temple
de Jupiter devenu la cathédrale. Mais il faut presque les deviner,
car les maisons se sont nichées au hasard entre les colonnes, dans
les thermes, les cours et les appartements privés de l'empereur.
Cet entassement fantaisiste forme un dédale de ruelles, de voûtes,
au milieu duquel un antiquaire se pâmerait à chaque pas. Le
grand marché de Spalato se tient en dehors des murs, en plein

Un coin du marché à Spalato.

soleil. Là, des gaillards aux formes athlétiques fument, tranquillement assis, attendant les acheteurs. S'il faut déplacer un sac de
grain, remuer un tas de bois, les femmes sont là pour le faire; ce
sont elles qui labourent, qui sèment, récoltent et apportent au
marché. Nous vîmes une de ces malheureuses qui, après avoir
descendu le matin sur son dos une charge de bois cinq fois
grosse comme elle, la remontait, n'ayant pu la vendre, par les
sentiers abrupts de la montagne. Son grand dadais de mari
suivait, écrasant un pauvre bourriquet, les jambes traînantes,
la carabine sur l'épaule et fumant avec la majesté d'un grand
seigneur.

Dioclétien s'était à la fois construit un palais et une ville : Spalato et Salone. Mais, au lieu que le palais subsiste, enchâssé dans une cité nouvelle, l'ancienne ville de Salone n'est plus qu'un champ de ruines.

Seule parmi toutes ses sœurs de la côte dalmate,

Raguse n'a jamais subi le joug de Venise ; elle a défendu vaillamment son indépendance jusqu'au jour où Marmont y fit entrer les Français. Raguse est maintenant autrichienne, mais garde encore une fière allure derrière ses remparts et ses énormes tours. On dirait, de la haute mer, une cité du moyen âge. Les paquebots n'accostent plus au port de Raguse, devenu insuffisant, mais à la baie de Gravosa. Un chemin poudreux grimpe la côte et conduit en une demi-heure à la ville. Déjà quelques palmiers et de gros aloès qui poussent à l'aventure sur les rochers annoncent le voisinage de l'Orient ; les figuiers sont grands comme

Nous vîmes une de ces malheureuses..

des arbres; les grenadiers marient leurs fruits au feuillage léger de vignes exubérantes.

Raguse domine la mer à l'appui d'un rocher à pic; aussi tous les jardins, chauffés comme une serre, donnent-ils des fruits exquis. Des platanes gigantesques couvrent d'une ombre épaisse l'entrée de la ville. C'est là que nous reçut dans l'unique hôtel de l'endroit il signor Crippino. Je dis « reçut », pour ne pas humilier notre hôte. C'était l'heure de la sieste. Après être montés jusqu'au premier étage sans rencontrer âme qui vive, nous fîmes comme tout le monde : chacun choisit un lit dans une chambre vide et s'endormit, le cœur content. Au réveil, l'on nous installa, et tout fut dit.

La porte de Raguse s'ouvre entre deux tours massives enveloppées de lierre; une grande rue, le Stradone, traverse la cité d'un bout à l'autre. C'est là que se concentre toute la vie. Les costumes de Raguse sont les plus variés et les plus riches de la côte dalmate; au marché, c'est un fouillis éblouissant. Voici une *Canalese* avec sa longue robe blanche à larges manches, quelquefois soutachées de fils d'argent ou d'or; il n'y a rien de plus gracieux. Un ruban flottant

Marchand de melons à Raguse.

lui serre la taille; la tête s'abrite sous une sorte d'auvent empesé, assez semblable à la coiffure des Napolitaines. Les *Brenese*, femmes d'un village voisin de Raguse, portent sur une robe à fleurs un fichu bordé de vert et une veste de couleur, soutachée de bleu ; leurs pieds mignons chaussent des babouches vertes. C'est riant et gai comme les corbeilles de fruits qu'elles vendent au marché. Les femmes de Scutari, pauvres montagnardes chargées comme des bêtes de somme, ont l'air triste avec leur manteau noir sans manches, leurs escarpins de corde, leurs tabliers qu'on dirait taillés dans un vieux tapis.

Des hommes de haute taille, à la ceinture rouge garnie de couteaux et de pistolets, dominent la foule. Devant nous, deux colosses dégainèrent tout à coup (j'en frémis encore) ; puis, tirant une noix de leur sac, ils se mirent à l'éplucher tranquillement, de leur long coutelas. L'arsenal compliqué que portent ces braves gens fait partie du costume national ; il n'a pas d'autre raison.

Devant nous, deux colosses...

Raguse est un musée vivant ; il est fâcheux que la nuit tombe si vite et que la cité trop à l'étroit ne puisse loger ses hôtes. L'unique hôtel se blottit hors des murs, sous les grands arbres qui protègent la porte de la ville. Mais les habitants sortent volontiers de leur cage pour venir, sur la place extérieure, respirer la brise du soir, aux sons d'une bruyante musique. La place a bientôt l'air d'une foire. Notre hôtel est envahi par toutes sortes de promeneurs ; bêtes et gens s'y pressent à l'envi. Quelqu'un parvient à nous dresser une table dans un coin : aussitôt les chats, les poulets, les dindons d'accourir ; ils se hissent familière-

MARCHÉ A RAGUSE.

ment sur le dos de nos chaises; le dindon, étirant ses grands
pieds, se met à table; le chat saute sur nos genoux et allonge
sa patte. Et quel menu! Il valait les convives. Poisson à l'huile
de pied de bouc; fromage à la gendarme; gâteau friable qu'un
chat avait dû prendre pour un tas de sable. C'était complet. Le
fou rire nous prit. En voilà de la couleur locale!

Le quai de Gravosa.

D'une façon générale, en cet excellent pays, tout sent le
bouc. Le jour de notre arrivée, nous faisions la grimace; le
lendemain, nous sentions le bouc tout comme les autres, et sans
nous en douter. Pour nous sauver de la cuisine, nous tombâmes
sur les fruits : ils sont excellents; les figues surtout, qui dégouttent
de miel. Nous prîmes notre repas dans le figuier, comme de
simples pierrots. Mais les traîtresses de figues se vengèrent
cruellement. La nuit venue... Dieu, que le ciel était beau sur la
terrasse du jardin, au milieu des grenadiers en fleur, des lauriers
roses et des clématites! Au loin, la mer scintillait sous la lumière

argentée de la lune. Je dois aux figues d'avoir plus d'une fois, en cette nuit, admiré ce grand et poétique spectacle. Si jamais l'influenza venait encore nous mordre de ses vilaines dents, je conseille aux mordus de se rendre à Raguse sans délai; le soleil, les figues, la belle nature, voilà des médecins sans pareils. On peut m'en croire.

Après une promenade au val d'Ombla, sorte de baie sauvage qui pénètre fort avant dans les terres, nous prîmes à Gravosa le courrier de Cattaro.

Ce lougre (j'ai bien dit lougre) de *Fiume*, qui nous emportait, doit être un ancien caboteur que le Lloyd emploie en guise de bateau, à seule fin d'épanouir ses vieux marins. Car, pour les voyageurs, c'est autre chose. Les malheureux ont deviné la vérité, car nous sommes cinq au plus sur le pont. D'abord notre invraisemblable sabot se dandine bêtement sur l'eau claire et polie comme une glace : à la moindre brise, il prend prétexte pour sauter; si la mer devient un peu houleuse, ce sont des bonds formidables. Impossible de prendre un repas : dans la salle à manger, les plats et les assiettes carillonnent, la lampe danse une ronde de guerre; enfin, dans

Si la mer devient houleuse..

la cabine même du capitaine, une immense cruche d'eau verse un déluge sur son lit. Dans le couloir, il faudrait des échasses, et l'on ne peut tenir sur ses jambes. Tout le monde

est vert; des glouglous pénibles se font entendre dans les coins.
Il est heureux que cette épreuve ne dure pas. Après une nuit
d'angoisses, nous saluons Cattaro.

Les *bouches de Cattaro* se composent
de trois lacs successifs, dont chacun paraît
former un bassin séparé : on dirait le lac
des Quatre-Cantons. Avec des montagnes
plus abruptes, ce serait à s'y méprendre ;
mais les bouches de Cattaro sont plus
gaies sous leur manteau de verdure, par-
semé de maisons blanches. Le dernier
lac se heurte à une muraille colossale de

Femmes de Cattaro.

1100 mètres, qui le
domine à pic : c'est
la montagne Noire.

Un lacis de sentiers déroule ses innombrables
replis au milieu des rochers arides ; de-ci,
de-là, quelque montagnard, comme un point
noir, gravit péniblement ce calvaire.

Nous fîmes un court séjour à *Cattaro*, le
temps de voir ses vieux remparts blottis au
pied de la montagne. L'Autriche entretient
une forte garnison dans ce trou, que cent
fusils monténégrins, du haut de leur citadelle aérienne, suffiraient à réduire en quelques
heures. Mais Cattaro n'est qu'un point isolé derrière
des passes infranchissables. Le Montenegro s'est frayé une
autre route vers la mer, par Antivari : une marine, minuscule
encore, occupe ce point, sans lequel les Montenegrins, isolés dans
leurs nuages, vivraient comme en dehors du monde entre le

ciel et la terre. La vie de ces pauvres gens est dure sur leurs rochers, sans terre et sans eau. Ils descendent à Cattaro — au prix de quelles fatigues ! — et vendent quelques volailles, du bois mort, ou échangent pour un peu de pain, qui doit les empêcher de mourir, leurs pauvres bijoux, des armes, des ceintures, auxquels ils tiennent presque autant qu'à la vie. Malgré tant de misère, ils ont l'air fier et digne ; les hommes surtout, à la moustache fine, aux traits délicats. Le travail qui les accable flétrit les femmes avant l'âge ; quelques-unes encore jeunes sont, avec une teinte de mélancolie, d'une idéale beauté.

CORFOU

ᴇ Cattaro à Corfou, nous suivîmes la côte d'Albanie : *Dulcigno*, *Durazzo*, *Ablona*, défilèrent successivement sous nos yeux. Le va-et-vient des gens de la côte est le seul délassement de cette longue navigation. Ils apportent à bord des poulets et des fruits, s'installent et mangent sur le pont. Plusieurs ont l'air farouche ; la jupe plissée, dans laquelle ils se mouchent, n'est plus qu'un paquet de loques ; par exemple, les couteaux sont en bon état et brillent à leur ceinture comme un nécessaire de boucher. Un vieux mufti qui les regardait comme nous, blotti dans un coin, derrière sa cafetière, poussa un long soupir de soulagement quand les brigands furent partis, et, levant les yeux vers les mâts au bruit de la manœuvre, il fit voir en un sourire béat l'unique dent qui

lui restait. Nous n'oublierons de sitôt son turban vert, son caftan
de soie rayé jaune et bleu, ses babouches jaunes et sa figure
épanouie.

Nous sommes ici dans un pays de brigands :
on frémit encore dans les montagnes de la côte
au souvenir d'Ali de Tebelen. Fils de brigands
célèbres, cet aventurier, qui devint pacha et fit
trembler le sultan lui-même, commença par faire
le métier de ses parents. Sa mère, un fusil à
la main, lui montra comme on dresse une em-

Un mufti.

buscade; aussi était-il, à dix-huit ans, un brigand émérite. Bientôt,
flairant un riche butin, il proposa au padischah de lui soumettre tous les beys qui profitaient de leur isolement pour le
railler dans leurs montagnes. On lui donna pour prix de ce service le titre de pacha. Du produit de ses rapines, il acheta le
pachalik de Janina.

Seuls entre tous les montagnards, les chrétiens souliotes
refusaient de reconnaître l'autorité du sultan et de son pacha ;
Ali résolut de les exterminer. Sa ruse et son obstination ne purent
vaincre l'héroïsme des Souliotes : chaque rocher fut arrosé de
sang musulman; dans leur nid d'aigle de Sainte-Vénérande, les
fiers montagnards étaient inexpugnables. Mais la faim travaillait
pour Ali : les Souliotes, divisés en deux bandes, firent une trouée,
pendant qu'un moine intrépide, Manuel, se faisait sauter avec la
forteresse qu'il avait juré de ne jamais rendre. Les fugitifs furent
traqués comme du gibier : les uns, avec Photo Tzavellas et sa
vaillante sœur Caïdéo qui, armée d'une carabine, marchait au
milieu des femmes et des enfants, parvinrent à Parga, sur le bord
de la mer ; les autres, conduits par Georges Botzaris, furent atteints
aux défilés de l'Achéron par les carnassiers d'Ali. Un combat ter-

rible s'engagea dans les gorges du fleuve. Quand les Souliotes, écrasés par le nombre, commencèrent à plier, leurs femmes, réfugiées sur les rochers qui surplombent le torrent, commencèrent une ronde funèbre en entonnant un chant de guerre. A chaque tour, quand la ronde arrivait au bord du précipice, une femme se lançait dans l'abîme. Et la ronde continua, resserrant de plus en plus ses anneaux, jusqu'à ce que la dernière de ces malheureuses eût accompli son sacrifice! Botzaris parvint avec quelques-uns des siens à se jeter dans les forêts, d'où il gagna Parga. Le massacre des Souliotes ne resta pas sans vengeurs : six mille hommes de cette héroïque nation devinrent, sous Marco Botzaris, le noyau d'une ligue formidable contre les Turcs. Ce furent les premiers soldats de l'Indépendance grecque.

Sans eux peut-être, *Corfou*, l'île incomparable, serait encore aux Turcs. La capitale de l'île dresse en face des côtes d'Albanie sa haute citadelle : à ses pieds, le port s'arrondit et se creuse en un bassin profond. C'est ici, près des rochers, où la côte en s'abaissant formait une fraîche prairie, que le prudent Ulysse fut autrefois jeté par les flots, couvert d'écume, anéanti. Minerve qui le gardait lui envoya un doux sommeil, et, lorsque l'Aurore « aux doigts de rose » commençait à poindre, la fille du roi de l'île, Nausicaa, guidée par la déesse, descendit à la prairie avec ses compagnes. Quand elle eut lavé, comme une bonne fille qu'elle était, le linge de sa famille et pris ses ébats dans l'eau claire, Nausicaa et ses amies jouèrent gaiement sur l'herbe verte; leurs cris joyeux éveillèrent le prudent Ulysse. Il se reprit alors au sentiment de l'existence, secoua sa barbe limoneuse et, couvrant d'un épais voile de branches vertes son corps endolori, il s'avança de quelques pas et fit entendre une voix lamentable. La bande s'enfuit comme une volée de moineaux. Mais Nausicaa, plus

A CORFOU.

sage que ses amics, revint vers le noble étranger, lui jeta un
manteau et le conduisit à son père. Les chefs des Phéaciens
s’empressèrent autour de lui, et le pru-
dent Ulysse, absolument sous le charme,
laissa quelque temps encore la fidèle
Pénélope filer ses longues et tristes journées.

Que les temps sont changés !

On n’entre plus dans l’antique cité
des Phéaciens sans se faire plumer à la
douane. A part cela on s’y reconnaît
un peu. Tout est grec. Voici un hôtel
(κενοδοκειον), une buvette : A la Fortune !
(Εις την Τυχην. Un coiffeur est un πιλοποιειος;
un horloger s’intitule παπαδοπουλο (*orolo-
giaio*). Ces Italiens se glissent partout.

Une esplanade superbe a remplacé la
prairie d’Ulysse : on y admire la statue
de Capo d’Istria, « κυβερνητης της Ελλαδος »,

Femme de Corfou.

un vrai Grec celui-là. Mais on l’oublie pour la vue superbe qui
s’étend sur la mer : à gauche, la forteresse; au loin, dans
l’horizon violet, les montagnes d’Albanie. Toute la société de
Corfou se réunit à l’esplanade pour y entendre la musique et
goûter la fraîcheur du soir. Nous fîmes comme la bonne société.

Le lendemain, nous partions pour *Benizzé;* car la ville de
Corfou n’a rien qui retienne, tandis que l’île, comme une véritable
oasis, disparaît sous une végétation admirable. Ce sont d’abord, le
long de la route, des cactus gigantesques, dont chaque branche
aurait pu servir de lance à un chevalier du moyen âge : plusieurs
sont en fleur et pointent bien haut leur clocheton de fleurs

blanches. Partout, autour des champs et des jardins, les figuiers
de Barbarie forment une haie épaisse de deux ou trois mètres et
haute de même, capable de défier avec les pointes acérées dirigées
en tous sens les plus hardis voleurs. Nous voulûmes en goûter
le fruit. Sous une enveloppe hérissée d'aiguilles se cache une
pâte sans saveur qui rappelle de loin le goût de l'abricot : cela ne
vaut pas la peine qu'on se donne. Mais les figuiers de Barbarie
poussent dans les endroits les plus arides : c'est une précieuse
ressource contre la soif. Des bois d'oliviers se succèdent; ce ne
sont point des buissons rabougris comme les nôtres. Les oliviers
sont ici des arbres énormes, gros comme des chênes de deux ou
trois siècles. Leur feuillage léger tamise la lumière et laisse passer
assez de chaleur pour nourrir d'autres arbres à leurs pieds. Sur
l'un d'entre eux un figuier enchevêtrait ses branches et une vigne
laissait tomber de toutes parts ses lianes chargées de fruits. On
monte par un bois d'oliviers au château de Gastouri, que l'impératrice d'Autriche a fait construire dans un site admirable. Puis
un chemin descend à travers un fouillis d'oliviers géants, de
magnoliers en fleur, de figuiers, de grenadiers aux fruits de
pourpre. Partout la vigne grimpe et se suspend; quelquefois, sur
une pointe de roc, un pin parasol hardiment planté émerge
triomphalement de l'océan de verdure.

A Benizzé, le long de la mer et sur la côte, la chaleur est tor-
ride : nous entrâmes dans un bois d'orangers et, pour quelque
menue monnaie, des oranges énormes, jaunes comme de l'or,
nous fournirent un breuvage délicieux. Une scène idyllique nous
attendait au retour : on s'étonnerait de n'en point rencontrer ici.
Des femmes, des enfants, portant gracieusement sur leur tête
un vase de grès à la manière antique, venaient tour à tour puiser
à une fontaine tout enguirlandée de lianes fleuries; leurs éclats

joyeux roulaient, avec le chant des oiseaux, sous la voûte épaisse des bois.

Corfou est le paradis des poètes : c'est aussi le paradis des chasseurs. Sur la route de Pelléka, certains champs de myrtes et de tamarins servent de refuge à des bandes épaisses de bécasses...

O blonde Minerve, ramène-nous bientôt comme le prudent Ulysse dans cette terre féconde !

II

EN GRÈCE

A route la plus directe de Paris à Athènes passe par Brindisi, Corfou et *Patras*. C'est ici que débarquent les passagers soucieux d'éviter le tour de la presqu'île hellénique et les eaux tumultueuses du cap Matapan. De Patras on gagne Athènes en chemin de fer. Le jour où, par un canal maritime, les vaisseaux pourront franchir l'isthme de Corinthe entre le golfe de Lépante et le golfe d'Égine réunis, pour filer droit au Pirée, Patras, placée en sentinelle à l'entrée du défilé, aura une brillante fortune. Cette ville qui grandit fait songer aux cités populeuses et riches du Nouveau Monde, qui en dix ans ont remplacé leurs baraquements par des palais. Mais Patras en est encore à l'âge des baraques.

La douane campe dans un étroit couloir près du port. Les douaniers, très exigeants quand ils tiennent une victime, disparaissent sous les ballots, derrière les malles. C'est une cohue de voyageurs, de commissionnaires, de mendiants, de voitures, de bagages, à se faire écraser cent fois. Le mieux, si l'on peut, est de s'approcher, de faire prendre l'air de la douane à ses bagages et de filer à la gare au pas gymnastique. C'est miracle d'y arriver sans avoir rien perdu.

La gare campe comme la douane le long du port, mais n'a pour tout abri qu'un toit de bois. Dans l'intervalle de deux planches s'ouvre l'unique guichet de ce bel établissement. Il faut attendre comme au

Soldat de la garde.

théâtre et piétiner avec le flot mouvant, pour arriver enfin, essoufflé, moulu, au bienheureux guichet. L'horrible papier crasseux qui s'y donne en retour de l'or dépasse comme saleté, et ce n'est pas peu dire, tout ce qu'on peut trouver en Italie. Imaginez des sous en papier : quels chiffons au bout d'un an! quelle couleur! Telles sont les drachmes. Cet excellent pays de Grèce n'a pas l'air de s'en douter et ne veut pas d'autre monnaie : un voyageur qui nous précédait en fit sur-le-champ l'expérience. Comme il présentait au guichet un de ces jolis billets bleus dont la Banque de France est trop avare pour les amateurs, que croyez-vous qu'on lui rendit? Un solide coup de poing sur le nez. Le guichet affolé crut qu'on se moquait de lui.

Costume grec.

La cour de la gare est une place publique : les restaurants dressent leurs tables à deux pas du train, qui attend comme une bonne bête, au milieu de la foule, le signal du départ.

Ce système primitif ne laisse pas d'être commode et repose un peu des stupides barrières derrière lesquelles nos Compagnies de chemins de fer parquent leurs innocents voyageurs. Chacun s'occupe de ses bagages, les fait placer et, avisant une table, déjeune en face de son compartiment. Le déjeuner du reste est détestable : du pain d'anis avec une sorte de brouet noir en un instant saupoudré de poussière. Il est impossible avec cela de manquer le train.

La voie suit les flots bleus du golfe de Lépante, au pied de coteaux couverts de vignes. Déjà le soleil fait chanter les cigales et mûrit les raisins exquis que nous mangeons en France comme raisins de Corinthe. Deux ou

Grec des îles.

trois grappes dorées nous eurent bientôt fait oublier le vilain déjeuner du matin. Mais par quelle fantaisie de droguiste ce fruit si doux donne-t-il un vin si mauvais? Il sent l'anis comme le pain.

Par-dessus les roches grises qui plongent au nord dans les eaux du golfe, on aperçoit à l'horizon le *Parnasse* qui élève sa tête chenue au milieu d'un chaos de montagnes. Le dieu des vers eut sans doute une bizarre idée de choisir pour demeure cette cime aride et battue par le vent. Il est

Grecs.

vrai que les neuf Muses charmaient cette solitude. Peut-être aussi que le Parnasse au temps de sa verte jeunesse riait sous une couronne d'opulentes forêts. Ce n'est plus aujourd'hui qu'un vieillard chauve : il porte le deuil de son passé et des dieux qui ne sont plus.

Nous rêvions d'Apollon, toujours en vue du Parnasse, lorsqu'on annonça *Corinthe*. Ce mot fut comme l'éclair qui fait surgir des ténèbres un décor plein de lumière et de vie. Nous revîmes par la pensée la Grèce tout entière assemblée dans le stade pour les jeux isthmiques, les lutteurs, les cochers et leurs attelages frémissants, les prosateurs et les poètes lauréats du concours, portés en triomphe par la foule, en attendant qu'on leur élevât des statues. Il nous semblait entendre comme un écho lointain revenu des montagnes, la clameur formidable de tout un peuple applaudissant aux récits d'Hérodote ou aux vers enflammés de Pindare. C'était la vie alors, dans ses plus brillantes manifestations.

Soldat grec.

Aujourd'hui, Corinthe n'est même pas, comme le Parnasse, un débris. Quelques fragments épars évoquent seuls le souvenir de l'antique cité : un incendie a dévoré en 1858 le village qui s'élevait sur ses ruines. La ville que l'on construisit au bord du golfe a l'air d'une carrière de plâtre sous l'épaisse couche de poussière qui la recouvre. On la soupçonne à peine ; tout s'y confond dans une teinte uniforme : un arbre, le seul que nous vîmes, près d'un semblant de rue, poussait péniblement deux moignons décharnés. C'est lugubre !

La gare vaut celle de Patras : on dirait d'une foire où tout le monde se bouscule et se vole à plaisir. Il paraît (nous tenons ce renseignement d'un charitable Corinthien) que le vol à la tire, si en honneur à Sparte, fleurit encore ici comme s'il faisait partie du programme d'éducation. Ce genre de sport ne pouvait d'ailleurs trouver un terrain plus commode. La gare, la voie, le train sont encombrés : chacun circule à l'aise, et l'on s'en tire comme l'on peut.

La voie franchit sur un pont métallique très hardi le *canal de Corinthe*. Les plus hautes mâtures pourront circuler sous cette passerelle aérienne. Vu de ce point élevé, le canal ressemble à une maison vide de sept étages qu'un géant aurait renversée. Quel prodigieux travail il a fallu pour creuser ce fossé béant! M. de Lesseps y avait songé en 1855; mais, le canal de Suez ayant absorbé son activité tout entière, le projet fut repris par le général Türr. Les travaux sont maintenant en bonne voie d'exécution : ils ont été inaugurés solennellement, le 4 mai 1882. Le canal aura 6 kilomètres environ (6343 mètres), de Corinthe, sur le golfe de Lépante, à Kalamaki, sur le golfe d'Égine; il abrégera de quarante-huit heures la route du Pirée et réduira notablement les dépenses de transport. Saluons en passant une œuvre française. Les anciens Grecs avaient établi, au travers de l'isthme, un chemin glissant sur lequel ils tiraient à bras leurs « magnanimes » vaisseaux. Mais les nôtres sont d'autre mesure : les Grecs franchissaient l'obstacle; nous l'avons supprimé.

De Corinthe, le chemin court par *Mégare*, *Éleusis* et *Athènes* sur la rive nord du golfe d'Égine, à travers un pays dévasté. Le vent fait rage dans ce long couloir que forment les deux golfes réunis par leur sommet : ce sont des tourbillons formidables qui obscurcissent la lumière et menacent de culbuter le train au milieu des roches déchiquetées et brûlantes. Je comprends pourquoi les Grecs rendaient un culte au dieu des vents. Éole est encore aujourd'hui un dieu redoutable. Aussi les pauvres arbres qui essayent de pousser dans cette terre embrasée ne peuvent-ils tenir contre lui. Si par hasard ils avaient ce bonheur, un berger les brûlerait pour faire de l'herbe à ses brebis. Le printemps venu, quelques pousses maigrelettes surgiront de ces pauvres cendres. C'est ainsi que les taillis disparaissent, que les forêts s'en vont et font place aux plaines infertiles. Le royaume d'Éole s'étend tous les jours. Pour peu que cette insouciante destruction continue, les paysans grecs feront, comme les Arabes, un désert de leur pays.

Mais que leur importe? Les forêts de l'État sont le bien de tout le monde, l'arbre est un être malsain qui engendre les fièvres. Il y a double raison pour l'abattre.

En attendant, les sources tarissent, la végétation disparaît, le désert gagne jusqu'au pied du Parthénon. Déjà sa glorieuse silhouette se découpe dans le ciel, et l'air de feu qui nous brûle permet à peine de l'entrevoir à de rares intervalles. Enfin nous débarquons dans un flot de poussière au milieu d'une bande d'affamés qui se précipitent. Notre attitude résolue, quelques horions, surtout des cris, nous amenèrent au pied d'un omnibus, et, sur ce char peu olympique, nous fîmes notre entrée dans la ville de Minerve.

ATHÈNES

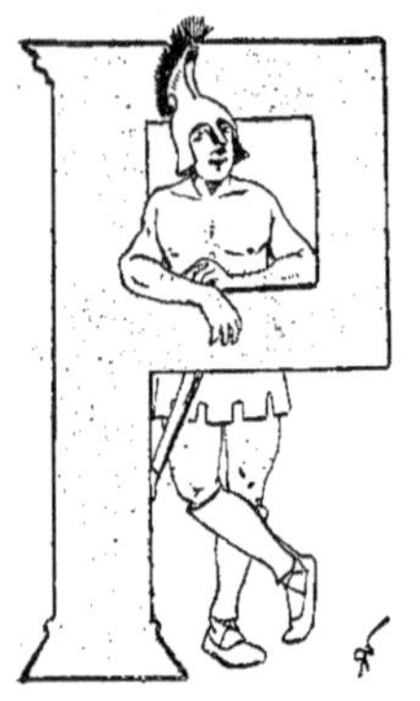

oint de Grecs par les rues : du moins ces gens en veston court et chapeau mou ne paraissent pas en être. De la poussière toujours, des arbres gris, des rues droites, des tramways : c'est la mort de l'illusion. Le peu qui nous restait allait sombrer à l'arrivée. Chez les anciens Grecs, lorsqu'un étranger franchissait le seuil d'une demeure hospitalière, il trouvait, avec un accueil bienveillant, de l'eau pour rafraîchir son visage et délasser ses pieds. Aujourd'hui l'accueil et l'eau font à peu près également défaut : on ne peut que dévorer sa poussière et attendre. Quelquefois l'eau finit par arriver. Il paraît qu'on s'est ému de cette misère. Des sources abondantes captées de loin transformeront bientôt les squares d'Athènes en vertes prairies, les arbres en zinc de ses avenues en géants des tropiques et ses hôtels en jardins fleuris. Nous attendons cet heureux jour. Le soir était venu quand il nous fut possible de paraître à peu près convenablement.

Deux aimables compagnons, que la bonne déesse avait mis sur notre route, nous proposèrent de visiter avec eux le Parthénon ; par une faveur spéciale, on les avait autorisés à faire cette visite pendant la nuit. L'occasion était trop belle pour n'en pas profiter. Mais la lune que nous attendions ne paraissait pas partager notre impatience ; elle parut enfin vers onze heures, et, après avoir longtemps promené notre ennui par les rues de l'Athènes moderne, vers minuit nous prîmes le chemin de l'Acropole.

A cette heure, la route est déserte, le silence profond ; sous la pâle clarté de la lune, l'*Acropole* se dresse comme un géant d'un autre âge dans la lumière argentée d'un rêve. Ce glorieux débris, trop longtemps exposé aux entreprises des voleurs de grand chemin, n'est plus aujourd'hui sans défense : une grille de fer en barre l'entrée ; à l'intérieur, un poste de soldats campe derrière le temple de Minerve. Nous cherchâmes le portier ; une petite cabane, perdue au milieu des blocs épars, lui servait d'abri. Nous eûmes beau frapper, appeler, rien ne parut. Enfin, las sans doute du tapage qui l'empêchait de dormir, notre homme entre-bâilla la porte, décidé à ne pas sortir. La vue de notre papier administratif, dûment signé et parafé, ne l'ébranla pas davantage : « Il est trop tard, messieurs ; il fallait venir à dix heures. — Mais, sans lune, il faisait noir comme dans un four ! — Je n'y puis rien ; on ne visite pas l'Acropole à minuit passé ; j'y puis perdre ma place, *io povero !*... D'ailleurs, cette visite à pareille heure présente un sérieux danger. Les soldats veillent et, n'étant pas prévenus, ils tireront au moindre bruit : nous avons tant souffert des voleurs !... En tout cas, ajouta-t-il, je ne puis vous accompagner. » La raison était décisive, mais non pas dans le sens qu'il croyait. Comment ! Voir le Parthénon sans guide officiel, dans le recueillement de ses souvenirs, en pleine solitude ! Mais c'était l'idéal. Le sentiment du danger n'était que pour rendre l'émotion plus vive. Nous suppliâmes notre cerbère de nous laisser entrer, en lui montrant que nous demeurions seuls responsables, qu'il n'avait rien à perdre, au contraire. Un éclair fauve qui brilla dans sa main lui prouva que nous ne mentions pas. Bientôt la lourde porte de fer s'en-tr'ouvrait doucement. « Surtout, murmura notre homme à voix basse, marchez très doucement et paraissez le moins possible. Je vous attends ici dans l'ombre. »

Devant nous, au sommet d'un tertre élevé recouvert d'herbes

folles, deux ou trois degrés de marbre s'étendaient le long d'une colonnade. Ce sont les restes des *Propylées*, vestibule grandiose élevé par Mnésiclès au seuil de l'Acropole. Le fronton du monument a sombré dans les décombres, ainsi que le double portique qui l'accompagnait. Celui de gauche renfermait, dans une salle désignée sous le nom de *Pinacothèque*, les chefs-d'œuvre de Zeuxis, de Parrhasius et d'Apelle. Dans ce musée aux murs ravagés, des fragments de chapiteaux et de frises, des bustes mutilés, des têtes, des bras encore gracieusement arrondis, des corps flottant sous leur robe de pierre gisent pêle-mêle. On dirait, sous la lumière falote, un charnier dans une crypte. Du milieu de cet amas, les colonnes de Mnésiclès élèvent avec une majesté sereine leur tête découronnée par les hommes et les éléments conjurés. Mais la perte de leur fronton, de leurs frises, de leurs statues, le délabrement et la solitude de ces vieux mutilés qui ont vu passer tant de gloires, laissent dans l'âme une tristesse indéfinissable, comme le sentiment amer du vide et de l'irréparable.

Nous montions, toujours rampant, dans le plus profond silence et l'oreille tendue au murmure des souvenirs, quand, dans la clarté diffuse, le plateau de l'Acropole s'étendit devant nous. Tout un peuple de dieux jonche le sol de débris. Minerve elle-même, la déesse protectrice de la cité, a succombé au milieu de sa garde d'honneur. On ne voit plus sa statue colossale dont l'aigrette d'or faisait étinceler au large sur les flots l'image de la patrie : elle gît méconnaissable parmi les fragments épars. Dieux et héros sont confondus dans la même poussière ; les grandes ombres de Thémistocle, de Sophocle, de Démosthène doivent errer parmi ces nobles restes pour revivre avec eux leur grandeur passée. Mais la Grèce, qui semblait morte et dont le cœur avait cessé de battre, a survécu dans le génie de ses enfants ; elle

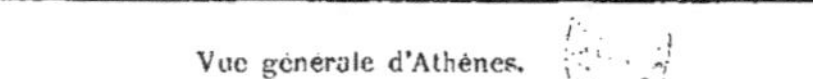

Vue générale d'Athènes.

s'éveille aujourd'hui frémissante de jeunesse, et il semble que
ses illustres morts tressaillent déjà dans leur poussière, qu'ils
vont s'éveiller avec elle, et, se redressant sur leurs piédestaux
rompus, attester encore une fois à la face du ciel la revanche du
génie sur la force brutale.

Une grande mélancolie règne sur ce plateau dévasté. Nous
avancions, avec mille précautions, dans un mystérieux silence.
Là-bas, dans la pénombre, l'*Erechtéion* appuie sa frise légère
sur les cariatides immortelles dont les robes de marbre paraissent
onduler au souffle de la nuit. Devant nous, la plus émouvante et
la plus majestueuse des ruines, le *Parthénon*, se dresse comme
un géant sous le vaste ciel. Nous sommes perdus dans son ombre ;
il faut escalader plutôt que monter ses puissantes assises : chacun
s'aide comme il peut, tend la main à son voisin, le tire. Enfin, très
émus, osant à peine respirer, nous atteignons la colonnade.

Le Parthénon porte encore avec fierté le poids de vingt
siècles, mais il a plus souffert des hommes que du temps. Les
Turcs avaient fait des Propylées un magasin à poudre : un
orage y mit le feu. Ils transportèrent leurs poudres dans le Parthénon : une bombe vénitienne le fit sauter, ne laissant que les
murs. Dix-huit colonnes de façade soutiennent encore le fronton,
et autour du temple intérieur, la *cella*, dix-sept colonnes se
prolongent en une longue galerie.

Le Parthénon se tient debout, comme un vaillant soldat couvert
de cicatrices. Mais les architectes qui édifièrent ce monument
admirable, Phidias qui en fut le sublime inspirateur, auraient
peine à le reconnaître. Plus de toit. Le Morosini qui l'avait fait
sauter voulut compléter sa triste victoire et enlever du fronton
l'admirable char de Minerve qui le couronnait. L'opération
fut si mal conduite que le chef-d'œuvre tomba et se brisa

en miettes. Le fronton lui-même ne conserve que deux statues, celles de Cécrops et de sa fille Aglaure agenouillée. Les plus belles statues : Cérès, Proserpine, Hercule, les trois Parques, ont été arrachées par lord Elgin et transportées à Londres, où elles traînent leur humiliation dans le désert d'un musée. Les Anglais n'ont pas même respecté ce qu'avaient respecté les Turcs. A coups de pioche, ils ont terminé leur besogne de Vandales : deux cents pieds de la frise, les métopes, les chapiteaux et les corniches ont été brisés ou dégradés. Plus un ornement ne subsiste, très peu des combinaisons de l'architecte, aucune ou peu s'en faut des œuvres des statuaires. Et pourtant le Parthénon survit glorieusement aux barbares qui l'ont mutilé. Il y a beau temps qu'on ne pense plus à lord Elgin, sinon pour flétrir sa mauvaise action : le Parthénon demeure dans la simplicité et l'harmonie de ses lignes comme l'image de la souveraine beauté.

L'intérieur du temple a été dévasté comme le reste. Phidias y avait élevé une Minerve merveilleuse de 12 mètres de haut, faite d'ivoire et d'or : sans parler de l'ivoire et de la main-d'œuvre, il y avait pour 3 millions d'or. Nous voulûmes voir au moins la place de ce chef-d'œuvre et nous glissâmes le long des murs, retenant notre souffle pour ne pas troubler le recueillement du sanctuaire. Entraînés par nos souvenirs, nous vivions à vingt siècles en arrière, oubliant complètement que derrière la cella l'opisthodome qui contenait autrefois le trésor de la République était à présent remplacé par un poste de soldats.

Tout à coup, avec un miaulement strident, une balle siffla et vint s'écraser sur le mur de la cella. On nous prenait pour des voleurs. Ce fut un sauve-qui-peut général. Dissimulés dans les angles, rampant derrière les colonnades, les blocs de marbre, les débris de statues, nous fûmes en moins d'un instant réfugiés

Ce fut un sauve-qui-peut général.

derrière les épaisses murailles des Propylées. Là du moins nous étions à l'abri. Nous avait-on vus fuir, ou plutôt la sentinelle entendant du bruit avait-elle tiré pour faire peur et se rassurer elle-même? Le fait est qu'on ne tira plus, et nous pûmes, après cette chute profonde dans la réalité, goûter encore un instant la joie de rêver et de revivre le glorieux passé qu'évoquent ces ruines sublimes.

Tout près de nous, le petit temple de la *Victoire aptère* élevait à pic, à droite des Propylées, sa gracieuse et minuscule colonnade. En quelques bonds, nous eûmes gagné ce charmant observatoire. Au loin, le golfe de Salamine étincelait de mille paillettes sous les rayons de la lune; à droite, le chemin d'Éleusis déroulait son ruban d'argent jusque dans les replis des montagnes. Le Penté-lique aux marbres précieux s'estompait dans l'éloignement; derrière nous, l'Hymette couvert de plantes aromatiques; plus loin et tout à fait à l'horizon, le Laurium et ses mines d'argent. Sous nos pieds, les murs noircis de l'antique citadelle des Pélasges, démolis par Xerxès et reconstruits par Thémistocle, renversés par Sylla, relevés par Valérien, éventrés par les Turcs, bombardés par les Vénitiens. Ces vieux murs sont indestructibles comme le rocher qu'ils défendent et la civilisation qu'ils ont vue naître, grandir et s'élever pour conquérir le monde. Les Grecs avaient élevé un temple à la Victoire sans ailes pour empêcher que la déesse ne les quittât un jour. Il semble que leur vœu ait été entendu et que la Victoire, celle du Génie, sommeille encore dans la jolie prison de marbre dont on l'avait enveloppée comme d'un voile.

Après un long regard d'adieu, nous quittâmes le temple de la Victoire et sa radieuse vision. Le gardien de l'Acropole nous attendait à la grille, transi de peur, nous croyant morts; mais le coup de fusil lui avait fait plus de mal qu'à nous.

Le lendemain, nous revîmes le Parthénon sous la lumière éclatante du soleil : il nous parut, avec moins de mystère, d'une beauté plus fière. On respire sur ces hauteurs un air divinement pur qui dilate le cœur et élève l'âme. L'atmosphère est si transparente que les distances disparaissent, les montagnes se rapprochent. Toute l'Attique paraît vouloir se grouper comme un décor merveilleux autour de l'Acropole. Minerve, d'un seul regard, voyait tout son royaume du haut de ce piédestal incomparable.

Le chemin de l'Acropole descend en serpentant le long du rocher, passe près des hauteurs où siégeait l'*Aréopage*, longe le *Pnyx* où roulaient les flots tumultueux de l'Assemblée populaire. C'est là que Démosthène jetait aux quatre vents du ciel ses véhémentes philippiques. On voit encore la simple pierre qui lui servait de tribune. Plus loin, au pied de l'Acropole, se blottit comme un escargot sous une pierre l'Odéon d'Hérode Atticus. La salle, autrefois couverte, servait aux concours de musique. A deux pas, le théâtre de Dionysos étage ses gradins de marbre. Devant la scène presque intacte s'étend en contre-bas un espace vide, l'orchestre : au milieu, près de la scène, l'autel de Bacchus réglait les mouvements du chœur. L'hémicycle est formé de fauteuils et de gradins de marbre : on réservait les fauteuils pour les magistrats de la cité, les généraux, les personnages en vue; leur nom s'y lit encore. Point de toit sur ce théâtre en plein air : les représentations commençaient de bonne heure et duraient jusqu'au moment où les rayons du soleil, devenus trop ardents, dispersaient les spectateurs. Pour tout décor, le ciel bleu, les nuages ét la mer : et quelle toile de fond que l'Acropole! Quand Eschyle, deux mois après la défaite de Xerxès, remettait en vers enflammés sous les yeux des Athéniens le spectacle de leur victoire, ils voyaient derrière la scène les eaux de Salamine scintiller au soleil entre deux montagnes. On pouvait en prêtant l'oreille entendre les derniers bruits du combat. Alors l'enthousiasme éclatait et le vieux rocher de l'Acropole tremblant sur sa base renvoyait au loin l'écho formidable des cris de victoire.

L'ancienne ville d'Athènes descendait de l'Acropole jusqu'aux bords de l'Ilissos. C'est là, près du clair ruisseau, que Socrate aimait à deviser sous les bosquets au milieu de ses disciples. La fontaine de *Callirhoé* qui alimentait le ruisseau compte six sources : deux seulement coulent encore au printemps, et un mince filet d'eau perdu dans les rocailles rappelle l'Ilissos. Quelques arbres poussent sur le bord : ils pourraient être superbes si l'on savait les défendre, puisque le chemin qui de cet endroit conduit au stade est plein d'ombre. Mais les arbres en Grèce sont aussi malheureux que les chevaux à Paris : dans un enfer de poussière, on s'acharne après eux jusqu'à ce qu'ils périssent.

Jeune Grecque.

Le *stade* où se donnaient les jeux est taillé en fer à cheval au milieu d'une colline : c'est là que la brillante société d'Athènes se donnait rendez-vous ; là paradait Alcibiade et son luxe insolent. Au fond, du temps de la domination romaine, les empereurs avaient fait élever leur tribune ; et les gladiateurs, sortant avec les bêtes féroces d'une galerie taillée dans le roc, passaient devant la tribune impériale en s'inclinant : « Avé, César ! disaient-ils ; ceux qui vont mourir te saluent ! » Pas un gradin ne subsiste : seul, comme un brigand dans un lieu dévasté, un boulet vénitien reste dans le stade antique.

Il y a trois villes dans Athènes : la vieille cité grecque, groupée au sud de l'Acropole, la cité d'Hadrien et la ville moderne.

Très épris de l'art antique, l'empereur Hadrien avait pour Athènes un véritable culte ; il entreprit de la relever. La nouvelle cité prit sa place à côté de l'antique ; un arc de triomphe sur le chemin de l'Acropole et les restes du temple de Jupiter Olympien sont les seules choses qui nous soient parvenues. Longtemps, le temple servit de carrière de marbre : des cent vingt colonnes gigantesques, sur lesquelles il appuyait son large front, il n'en reste plus que seize ; encore plusieurs menacent-elles ruine.

La ville moderne n'a d'intérêt que par les restes antiques qu'elle renferme : l'Agora et ses colonnades emprisonnées dans d'affreuses murailles ; le temple de Thésée, seul de tous les monuments d'Athènes qui ait complètement échappé aux fureurs des barbares et à celles de ses concitoyens ; l'horloge hydraulique, joli petit temple consacré à Éole. La lanterne de Démosthène ou de Diogène est faite pour causer une agréable surprise. Ce gracieux édifice, qui n'a rien ni de Démosthène ni de Diogène, s'élève en terre française et appartient à la France. Il supportait jadis un trépied de bronze offert à Lysicrate, qui avait remporté le premier prix au concours de poésie ; plus tard, un autre poète viendra demander des inspirations à ce charmant souvenir : Byron a passé de longues heures dans la lanterne de Lysicrate.

Que dire de l'Athènes actuelle, cette bourgade grisâtre que nous ont faite les Hellènes modernes? L'Académie est une heureuse copie d'un modèle antique; le Musée — disons mieux, la Pinacothèque — renferme le trésor d'Agamemnon. Mais je donnerais les coupes et les armes du grand roi, les bracelets et les bijoux de Clytemnestre pour une Minerve de Phidias, joyau incomparable qui trône dans une salle du Musée. La déesse est représentée à moitié de grandeur naturelle. Ses vêtements flottent comme une dentelle de mousseline; elle est vivante. La chair en marbre de Paros a pris avec le temps une teinte mate, qui rend à s'y méprendre la chair orientale; on dirait que ses bras vont remuer, tant ils sont souples et la peau transparente. La figure est divine, elle respire une grâce bienveillante et une majesté incomparable. Peut-être l'art humain n'a-t-il jamais de plus près imité le Créateur.

Pour bien comprendre le génie de Phidias, il suffit, au sortir du Musée, de gagner la place centrale que décore le palais du roi. Cette énorme bâtisse de marbre, sans caractère et sans goût, a dû sortir de la cervelle d'un goujat. Il ne reste plus qu'à fuir, pour conserver ses illusions.

C'est ce que nous fîmes, non toutefois sans avoir fumé un excellent narguilé. Tout le monde n'est pas apte à préparer le narguilé; certain café d'Athènes a la réputation de le bien faire, et l'on n'y trouve pas autre chose. Les carafes à long col, surmontées de leur petit fourneau en terre cuite et munies d'un long tuyau rouge, garnissent les planches, comme chez nous les bouteilles de liqueur. Le fourneau se remplit de tabac en feuilles, avec des charbons par-dessus; la fumée, entraînée par un tube de verre au fond de la carafe, est aspirée par le tuyau et arrive dans la bouche après avoir traversé l'eau où elle se purifie et se parfume. Ainsi traité, le tabac procure une sensation d'agréable fraîcheur. Mais il est difficile d'amorcer le narguilé; les charbons doivent être renouvelés souvent. Enfin, c'est toute une affaire, et l'on n'a rien trouvé de mieux pour tuer le temps sans fatigue, en devisant avec des amis. Le narguilé nous donnait un avant-goût de l'Orient.

LE PIRÉE

A nuit était venue, quand nous quittâmes Athènes pour rejoindre au *Pirée* le bateau qui devait nous conduire à Constantinople. La route d'Athènes au Pirée est plantée de beaux arbres, mais le vent y souffle presque toujours en tempête. Nos deux rosses efflanquées, aussi vieilles que Thémistocle, tremblaient sur leurs pattes, menaçant à chaque instant de sombrer sous la rafale. D'ailleurs, point de lumières par cette nuit sombre; à chaque instant nous heurtions un arbre ou un char égaré. J'en demande pardon à Minerve, mais, après l'avoir tant admirée, nous méritions peut-être d'elle un regard favorable.

Enfin, voici le Pirée, le *Manchester* de la Grèce, comme disent les Hellènes d'aujourd'hui. La ville compte, dit-on, trente mille habitants, huit filatures, et redevient prospère comme au temps où Périclès attirait dans ses docks et ses bassins les marchandises de la Méditerranée et du Pont-Euxin, les blés du Bosphore et de l'Égypte, les bois de Thrace, les produits d'Italie, les étoffes de l'Orient, les métaux et les esclaves. Le Pirée nous parut, à la lumière, comme une ville moderne aux rues droites, banales et

longues à n'en plus finir. Comme nous débarquions sur le quai,
un coup de voix formidable annonça le départ de notre steamer.
Coûte que coûte, il fallait embarquer. Une sorte de bachi-bouzouk,
plus noir que la nuit, nous jette dans son canot pêle-mêle avec les
bagages : nous nous enfonçons dans l'ombre. La mer était houleuse : tantôt notre coque, bondissant sur la crête des vagues,
nous fait deviner la silhouette du sauveur que nous cherchons;
tantôt, comme un point imperceptible, nous enfonçons dans l'immense trou noir. Enfin le navire n'est plus qu'à vingt mètres; mais
il part, l'échelle est levée. Nous crions à tout hasard. « Avez-vous
vos billets? dit une voix. — Non; nous les prendrons à bord. » Si,
par malheur, nous les eussions tenus en poche, la Compagnie, ras-
surée sur ses bénéfices, nous eût laissés danser gentiment sur les
vagues. On nous prit comme gibier. « Essayez d'approcher! »
La baleine ralentit sa marche, et notre merlan de canot bondit
dans sa direction. Mais impossible d'approcher : la vague qui
nous portait nous ramenait aussitôt. Comment, dans un bond
fantastique, pûmes-nous saisir la bienheureuse échelle, et nous
hisser avec notre moricaud et nos bagages sur le pont? Je me
le demande encore. Nous nous trouvâmes comme des paquets
sous nos valises, assis sur nos casques, les parasols cassés en
miettes. C'est égal, le singe de la fable avait une fameuse lacune
dans la tête quand il prit le Pirée pour un homme : c'est un
sauvage tout au plus.

III

CONSTANTINOPLE

〰〰

L'ARRIVÉE

ous fûmes éveillés avec l'aurore par une immobilité subite et un silence extraordinaire. Le mouvement profond de l'hélice, le ronflement de la machine, cette harmonie monotone des navires à vapeur, tiennent pour ainsi dire suspendus l'oreille et le repos des passagers. Au moindre silence, chacun s'éveille : « Qu'y a-t-il ? Sommes-nous arrivés ? Avons-nous donné contre un écueil ? » En cinq minutes tout le monde est sur le pont. Rien ne paraît : la nature dort encore dans l'épaisse brume du matin. C'est précisément la cause de notre malheur. Égarés dans le brouillard, nous avons quitté le large de la mer de Marmara pour venir nous ensabler près de la côte. En vain

la machine haletante souffle et s'agite : l'hélice tourne, le navire
s'incline sous l'effort; mais nous n'avançons pas. Déjà la brume
qui se lève permet de distinguer les objets. Nous sommes tout
près de *San-Stephano*. Cependant le rivage s'anime avec le jour :
tout se remue comme pour railler notre immobilité. Des curieux
arrivent jusqu'à nous presque à pied sec; des barques vont et
viennent; un train qui file à toute vitesse le long du bord emporte
vers Stamboul ses heureux voyageurs. Dans dix minutes au plus, ils
pourront admirer le spectacle dont des descriptions enthousiastes
nous avaient promis la fête. Déjà les minarets et les mosquées se
dégagent lentement du brouillard sous lequel ils sommeillaient, se
dressent dans l'azur; les croissants dorés étincellent de mille feux
aux rayons du soleil. Et nous, comme des spectateurs attardés ré-
duits à deviner derrière la toile ce qui se passe sur la scène, nous
demeurons enchaînés à deux pas de la radieuse vision devant une
terre plate, banale, avec ses cheminées d'usines qui obscurcissent
l'air d'une épaisse fumée, comme dans nos villes d'Occident.

Appuyés sur les bastingages, impatients, nous parcourions
des yeux l'horizon. Sur la droite, se prolonge une longue file
d'antiques murailles, qui donnent à Constantinople l'air rébarbatif
d'une énorme place forte. Les empereurs grecs avaient enfermé
leur capitale dans un triangle de remparts, dont la pointe ouvrait
comme une proue les flots du Bosphore, et dont la base s'appuyait au continent : les deux côtés du triangle sont baignés, l'un,
au nord, par les eaux de la Corne d'Or, l'autre, au sud, par la
mer de Marmara. Seuls les remparts du sud portent encore
vaillamment leur couronne de quinze siècles et semblent prêts
à soutenir un siège. Des tours massives les appuient de distance
en distance : quelques-unes sont de marbre, et la dent du temps
n'a pu les entamer.

Elles ont vu de terribles choses, ces tours séculaires, et entendu bien des sanglots mourir avec la vague, à leurs pieds. Là-bas surtout, au point où la ligne des remparts quitte le rivage pour aboutir par terre à la Corne d'Or, cette masse sombre qu'on appelle le château des Sept Tours a une légende qui fait frémir. Cette ténébreuse prison d'État, auprès de laquelle notre Bastille et la Tour de Londres n'étaient que jeux d'enfants, a vu grimacer sur ses créneaux bien des têtes illustres. L'intérieur est un cimetière, ceint d'un labyrinthe de cachots, de souterrains et de sépulcres où les victimes attendaient dans l'ombre l'arrivée du bourreau. Il y a, paraît-il, une salle où l'on décapitait la nuit, et, à côté, le Puits du Sang où l'on jetait les têtes. Au-dessous, la salle de tortures où l'on pilait, où l'on découpait, sans que les cris étouffés des victimes trouvassent d'autre écho que le lugubre mugissement des souterrains sans fond. Dans un angle de la cour, on coupait la tête aux prisonniers vulgaires, et, il n'y a pas long-temps encore, une pyramide de têtes s'élevait jusqu'au mur, comme un hideux trophée.

C'est dans cette noire forteresse, toute gluante de sang, que l'infortuné Osman, première victime impériale des janissaires, périt à l'âge de dix-huit ans. En vain le malheureux suppliait ses geôliers : après l'avoir fait conduire au château des Sept Tours, Daoud-Pacha, le lieutenant de police, et deux autres assassins s'y glissèrent, la nuit, pour faire office de bourreaux. Alors le prince sentit sa jeunesse bouillonner : une lutte terrible s'engagea dans l'ombre du cachot, et il allait écraser ses adversaires, quand l'un d'eux le frappa traîtreusement par derrière et l'abattit, le cordon sanglant autour du cou.

Les fournisseurs du château des Sept Tours devaient attendre deux siècles encore et multiplier leurs victimes avant de trouver un maître. Aujourd'hui les *janissaires* ne sont plus : vingt mille de leurs cadavres ont engraissé les poissons du Bosphore. Le château des Sept Tours, leur complice, a survécu ; mais le monstre est désarmé, décrépit et bâille par les cent bouches de ses murs dévastés. Des myriades de rats, des serpents et des scorpions y pullulent comme dans un grand corps en putréfaction.

Pour une arrivée à Constantinople, la nôtre manquait de poésie. Enfin, après trois mortelles heures d'attente et d'efforts inutiles, trois remorqueurs viennent nous héler. On tire à toute vapeur : nous restons immobiles. De guerre lasse, on appelle de Constantinople deux petits vapeurs, sur lesquels voyageurs et bagages s'entassent aussitôt, dans un pittoresque désordre.

Le bateau s'enfonce jusqu'aux bords ; chacun est assis comme il peut ; les chapeaux s'écrasent dans les malles, les pieds sous les ballots. On se pousse, on se fait place et on se cale ; enfin nous voilà partis.

La pointe du Séraï étale à nos regards surpris et charmés ses gradins de verdure ; mais ce coin de terre tant vanté n'est plus que l'ombre de lui-même. Un chemin de fer le contourne avec une superbe assurance : il a fait brèche dans les murs, et le voyageur passe, étonné, dans ce jardin mystérieux où nul homme, il y a un demi-siècle, ne pouvait pénétrer sans courir fortune de la vie.

Nous doublons la pointe du Séraï : voici le Bosphore, la Corne d'Or et Stamboul. Je n'étonnerai personne en disant que notre premier mouvement trahit quelque surprise. Il faut voir Constantinople se lever aux premiers rayons du soleil. Nous venions trop tard, énervés, impatients : le spectacle était manqué.

La Corne d'Or, comme un large fleuve, sépare deux coteaux à pic : l'un à droite, celui de Péra, l'autre à gauche, celui de Stamboul. A droite, des maisons vulgaires s'entassent en désordre

jusqu'au sommet de la colline : l'ambassade d'Allemagne domine
ces maisons de sa lourde masse. En face, Stamboul élève, au-
dessus d'affreuses baraques accumulées, les flèches aiguës de
ses minarets et les dômes harmonieusement arrondis de ses
mosquées. Tout cela se presse, s'élance bien haut et se perd
à l'horizon. On se sent dominé, réduit par quelque chose de
grand.

Sur les flots, la vie est intense : des bateaux à vapeur partent
pour le Bosphore ou rentrent au port; des caïques bondissant
comme des mouettes, des embarcations de toutes sortes et de
toutes couleurs, sillonnent la rade. Une nuée de barques s'est
abattue autour de nous : elles se pressent comme un troupeau de
canards, se heurtent, grimpent les unes sur les autres; les bateliers
s'interpellent, crient, poussent leurs voisins afin d'arriver les premiers. L'eau disparaît, nous naviguons au milieu d'une cohue étour-
dissante. Tout à coup l'on s'arrête : le capitaine, en bonne
humeur, veut sans doute s'amuser; les petites barques restent
coites. Un tour d'hélice, et les voilà qui se précipitent après nous.
On stoppe de nouveau : les plus impatients sont déjà bien loin.
Mais cette fois c'est bien fini. Notre bateau déjà près de sombrer
disparaît, en un instant, sous la foule avide et hurlante qui
l'envahit. Tout le monde veut descendre à la fois et se porte
du même côté : nous sommes à fleur d'eau. Couler en face de
Stamboul, après être restés trois heures devant le château des
Sept Tours, ce serait trop fort! Enfin, le sentiment de la conservation modère les plus turbulents. Un peu d'ordre s'établit : nous
sautons dans une barque, à tout hasard. C'était la bonne, paraît-il,
car elle nous débarqua sans encombre au quai de la police où
l'on vise les passeports. De là, en trois coups de rames, nous
étions à la douane. Voici le moment difficile, pensâmes-nous;

les douaniers turcs vont, pour le moins, nous écorcher. Nos
bagages furent à peine entr'ouverts.

Le quai n'est pas large en cet endroit; il débouche par une
voûte sombre et sale dans une rue plus sale encore. Ce ne sont
que fondrières : des pavés antédiluviens s'escaladent les uns
les autres et pointent comme des écueils au milieu de véritables
mares. Une voiture retenue par un guide prévoyant nous attendait
en ce charmant endroit. C'est en effet aujourd'hui vendredi et nous
courons à la revue du Sélamlik.

LE SÉLAMLIK

OTRE véhicule part gaiement, saute et retombe
avec des tremblements intérieurs à faire
frémir. Voici une rue dont le sol est égal :
il paraît que nous venons de quitter le vilain
quartier de Galata. La route se développe
maintenant entre des maisons d'aspect européen. Partout des chiens sont endormis
le long des murs, ou se promènent noncha-
lamment au milieu de la rue. Des files
entières de soldats se succèdent : les uns
sont assis, les autres couchés; ils causent ou prennent leur repas
en attendant le signal du départ pour la revue.

Tout à coup un riche coupé, précédé d'une escorte à cheval,
passe rapidement devant notre modeste équipage : c'est le Scheik-
ul-Islam, chef suprême de la religion musulmane, qui se rend à
la mosquée pour la prière du sultan. Nous longeons les grands

murs et la porte du palais de Dolma-Bagtché. Cette porte monumentale n'est qu'un amas de marbre sans style; pourtant elle a
grand air et annonce une résidence princière. Alors la route
tourne brusquement et gravit la colline au sommet de laquelle
s'élève Ildiz-Kiosk, résidence actuelle du sultan Abd-ul-Hamid.
Rangés bientôt parmi les curieux, nous escaladons le
siège du cocher pour mieux voir. De toutes parts, les

Le sultan se rendant à la mosquée.

soldats arrivent : de joyeuses fanfares éclatent dans l'air limpide. La foule se presse;
car les Turcs, race guerrière, aiment à voir
leur padischah au milieu d'un brillant appareil militaire. Autrefois,
les sultans se rendaient en grande pompe, à travers la masse
serrée du peuple, vers quelque sanctuaire éloigné. Abd-ul-
Hamid a peu de goût pour les manifestations bruyantes; il
préfère aller, à 100 mètres de son palais, dans la petite mosquée
qu'il s'est fait construire.

Des haies de baïonnettes bordent la route par où doit passer

le Commandeur des croyants. Les escadrons se rangent autour
de la mosquée et couvrent tous les champs d'alentour. Il y a bien
dix mille hommes, et tous ont la tournure martiale, l'allure vraiment militaire. Leur uniforme est propre et ne rappelle en rien
les haillons misérables dont on les dit couverts. Il est vrai que
nous sommes à une parade. Même sous des haillons, ce doivent
être de fameux soldats.

Cependant on sème du sable fin sur la route, on étend des
tapis sur les marches du palais. Le défilé commence : deux voitures escortées d'eunuques noirs conduisent la sultane Validé et
celles des favorites auxquelles Sa Hautesse a concédé la faveur
d'assister à la revue. Puis, à pied, les grands dignitaires de l'empire, généraux, amiraux, pachas, chambellans, scintillants d'or
et de décorations : le fez, cet horrible pot à fleurs renversé,
couvre leur chef vénérable. Un cri éclate, sorti de dix mille poi-
trines : « Vive le padischah ! » Les soldats présentent les armes ;
la musique entonne une marche guerrière. Abd-ul-Hamid paraît
dans un landau attelé de magnifiques chevaux tenus en main par
des Albanais.

La simplicité du sultan contraste avec son brillant équipage ;
il est vêtu d'une redingote noire ; son fez ne porte ni aigrette, ni
bijou. Sa pâleur trahit les soucis du pouvoir et les veilles prolon-
gées, car Abd-ul-Hamid n'est point un oisif endormi dans les
plaisirs d'une vie insouciante. Il étudie dans les moindres détails
l'administration de son empire, lit les comptes rendus de ses
ministres, discute leurs projets et montre en tout une activité et
une clairvoyance qui sont les meilleurs appuis de l'empire ottoman. Cœur généreux autant qu'esprit élevé, les deux tiers de son
revenu sont employés à récompenser les serviteurs de l'État, à
construire des hôpitaux, des édifices religieux, des asiles, des

écoles, sans distinction de religion ni de race. Aussi n'y a-t-il qu'une voix parmi ses sujets pour rendre hommage à l'élévation de ses vues et de son caractère. Maître absolu, chef politique et religieux de l'empire, il dispose d'une puissance formidable : on lui sait gré de ne pas mal s'en servir. Sur son passage, on s'incline profondément, le silence se fait ; seul le muezzin ose élever la voix en face du représentant de Dieu sur la terre. Son appel clair et monotone tombe d'en haut et s'étend dans l'air limpide au-dessus de cette foule recueillie, comme un appel de Dieu. Le spectacle ne manque pas de grandeur.

Le sultan reste peu de temps à la mosquée : sa prière faite, la revue commence. Quand il décide de rentrer au palais, il monte à cheval ou reprend sa voiture, et, à peine entrevu, le Commandeur des croyants disparaît. Les troupes défilent au son des fanfares, les petits drapeaux s'agitent joyeusement au bout des lances, chaque régiment regagne allègrement ses pénates.

Et quel cadre magnifique pour cette revue ! Le plateau d'Ildiz-Kiosk domine le Bosphore, dont l'eau scintille sous les rayons d'un soleil éblouissant. A gauche, la côte d'Asie ; en face, Stamboul et les flèches aériennes de ses minarets ; enfin, sur la droite, Péra, dont les hauteurs surplombent la Corne d'Or et se perdent en sommets arrondis à l'horizon lointain. Autour de nous, une foule animée se compose surtout de Turcs ; les femmes aussi sont nombreuses, mais se tiennent à l'écart, le long des talus, à l'abri des buissons. Leurs féredjés (manteaux) roses, bleus, blancs, bruns sèment les champs et les chemins de coquelicots, de bluets et de marguerites. Rien n'est plus gracieux. Mais ces fleurs délicates, faites pour la joie des yeux, ont une nonchalance, un laisser-aller, un sans-gêne qui étonne à première vue.

L'air froid des hauteurs nous avait aiguisé l'appétit ; nous ne fîmes qu'un bond jusqu'à l'hôtel de Péra, où fumait, en nous attendant, un excellent déjeuner à la française. Par exemple, la rue de l'hôtel est noire, malpropre : on se croirait dans une prison. Mais on ne peut toujours rêver de l'Orient, surtout à table. Nous en avons la lumière dans les yeux et la chaleur au cœur : cela suffit en attendant.

Deux heures après, nous sortions frais et reposés.

LES DERVICHES

Le couvent des derviches tourneurs s'offre à tout arrivant. Rien ne l'annonce dans la rue : les curieux, les dévots y entrent librement par une porte très simple. Une cour, et nous sommes dans le tekkié. C'est une salle ronde, dont le centre est occupé par un parquet ciré que défend une balustrade, avec un couloir circulaire pour les spectateurs et des tribunes pour les musiciens. Vêtus d'un long manteau brun par-dessus une robe blanche, la tête rehaussée d'un tronc de cône en feutre à la mode persane, les derviches entrent deux à deux, saluent gravement leur chef, vieillard vénérable qui se tient au fond de l'hémicycle, puis gagnent chacun leur place. Pendant le défilé descend des tribunes un chant singulier, aigu, mélodie sauvage faite de flûtes de roseau avec accompagnement de *darbouka*. D'abord lent et monotone, le chant s'anime et produit une impression étrange : on croit rêver. Animés par cette musique barbare et pourtant très douce, les derviches font une courte prière, puis, rejetant brusquement leur manteau, la tête renversée en arrière, les bras étendus, la paume de la main droite en l'air, l'autre main plus basse et tournée vers la terre, ils se lancent en un tourbillon extraordinaire qui étale leur robe comme un parachute, agite l'air et étourdit la vue. Les uns (ce sont les plus jeunes) tournent sur eux-mêmes avec une grâce qui n'est pas exempte de recherche; les autres, comme emportés par un esprit invisible, tournent avec fureur: leurs pieds semblent ne plus toucher terre. Mais pourquoi cette exhibition bizarre? Les derviches veulent-ils seulement nous édifier en faisant parade d'un saint emportement? Sont-ils sincères? D'autres le diront. Leurs danses du moins ne manquent pas de grâce et donnent bien l'illusion d'un monde aussi étrange que nouveau. Le mal est que l'illusion soit si courte et s'arrête à la balustrade. Quels spectateurs, et quel parfum! Et dire que Mahomet prescrit à ces gens-là quatre ablutions par jour!

PÉRA

Dans la rue, la réalité n'est pas moins pénible : les maisons, les magasins et les passants font assaut de vulgarité. A peine si dans la foule quelque fez égaré jette sa note claire et rappelle l'Orient. Péra est une ville européenne : toutes les langues s'y confondent : le français, l'italien, l'allemand, le grec y forment un concert extraordinaire. Mais personne ici n'y prend garde : l'Orient est le pays des contrastes, et toutes les langues sont sœurs en face du turc. Je crois en vérité que tout le monde se comprend.

Depuis le dernier incendie qui l'a presque entièrement dévorée, la ville est en train de se refaire : on trouve dans la grande rue de Péra des hôtels, des théâtres, des écoles, de luxueux magasins où, attirées par le brillant étalage des produits européens, les femmes turques viennent satisfaire leur curiosité ou leurs caprices.

La présence des femmes turques repose un peu de la banalité commune. Comme un nuage qui flotte sur le front, le yackmak encadre leur visage et donne à leur teint une grâce et une fraîcheur pleines de séduction. Elles savent arranger ce voile avec goût et lui donner une transparence qui ne laisse rien à désirer. Le féredjé, long manteau de couleur qui les enveloppe jusqu'aux pieds, ajoute encore au piquant, sinon à l'élégance de leur costume. Les femmes turques jouissent, paraît-il, d'une assez grande liberté. Leur présence à Péra en est la preuve. Elles vont seules par les rues, au gré de leur fantaisie, entrent dans les magasins, s'arrêtent au cimetière, à la mosquée : personne n'en prend souci. Le bain, la promenade en voiture, les dîners, les visites absorbent leurs journées. Elles échappent ainsi à l'ennui et à l'asservissement du harem.

Le soir venu, tandis que la ville turque s'endort dans le

silence et la nuit, Péra allume son gaz, ouvre ses théâtres et ses concerts. Le jardin des Petits-Champs, planté de beaux arbres et pourvu d'un théâtre en plein air, attire les gens tranquilles dans la brise du soir, tandis qu'au fond des rues tortueuses avoisinantes, dans les ruelles sombres, éclatent les appels discordants d'une musique enragée. Dans d'horribles beuglants, cafés-concerts de barrières, glapissent avec effort des chanteuses sans voix, sans talent, rebut de toutes les nationalités. A tous les coins et à tous les étages de ces tripots, il y a des joueurs et des voleurs : le tapage n'est que pour étourdir les naïfs.

Ainsi nous sommes à Constantinople. Mais où est le Sélamlik, où les danses des derviches, — cet Orient lumineux et étrange qui nous était apparu dans une matinée pleine de promesses? Ce souvenir, traversant, comme une gracieuse vision, l'épaisse fumée des pipes et le brouhaha des stupides chansons, nous poussa dehors où l'air frais du soir nous rendit à la vie. Nous marchions avec les plus grandes précautions. Les rues, je crois l'avoir dit, sont remplies de chiens qui dorment là comme chez eux, couchés par terre, le long des murs, au milieu des chemins, dans le ruisseau. Un coup de canon ne les dérangerait pas. Plutôt que de heurter un chien, le Turc fait un détour et l'Européen l'imite ; les charrettes et les chevaux s'écartent. Seuls les tramways sont impitoyables pour ces pauvres animaux. Ce sont probablement les descendants des chiens que les Turcs amenèrent avec eux au temps de la conquête. Ainsi s'expliquent les attentions qu'on a pour eux : ce sont d'anciens camarades.

A Stamboul, les chiens sont particulièrement heureux : les Turcs se font un devoir de leur donner la pitance journalière. A Péra, les Européens n'ont pas le même scrupule. Sans les maltraiter, on abandonne les chiens à leur bonne fortune. Ils ne

UNE PLACE DE CONSTANTINOPLE.

sont à personne et jouissent de la plus grande indépendance;
mais c'est une liberté achetée au prix de mille privations. Les
chiens sont les balayeurs de la rue. Ils vivent des ordures qu'on
y jette. Aussi ces pauvres diables n'ont-ils que rarement l'occasion
de festoyer. Ils naissent, vivent et meurent presque toujours misé-
rablement dans la même rue. C'est leur domaine, car il n'y a
pas d'exemple qu'un chien poussé par la faim ait pu impunément
marauder dans une rue voisine. Aussitôt l'ennemi accourt, montre
des crocs terribles, et, si l'imprudent ne cherche aussitôt son salut
dans la fuite, il est dévoré en un instant. Parfois des bataillons
entiers se livrent de sanglantes batailles, et l'on voit les blessés
traîner péniblement dans les rues leurs membres rompus et
étaler d'horribles cicatrices. Ces pauvres bêtes font peine à voir.

La vie est si dure pour eux, on leur donne si rarement
des marques d'intérêt que, s'il vous arrive d'en caresser un, vingt
autres arrivent pour vous flatter et goûter la même joie. Mais
presque toujours on le regrette. A peine le sommeil a-t-il fermé
vos paupières, vous rêvez doucement, quand tout à coup un bruit
épouvantable éclate dans la rue. Ce sont des aboiements furieux,
des hurlements enragés, un vacarme à faire trembler les vitres. Et
cet intermède réjouissant recommence une fois, deux fois, trois
fois dans la même nuit. Dans les intervalles de silence, le veilleur
de nuit a soin de vous tenir en éveil. A Constantinople, les rues
sont parcourues la nuit par des agents armés d'un bâton ferré.
Ils sont chargés de veiller à l'ordre, et sans doute aussi de
prévenir les voleurs par les coups réguliers de leur bâton
tombant sur le pavé. Il paraît qu'on peut, au nombre des
coups, distinguer l'heure. C'est une attention délicate de l'administration pour les habitants endormis. En attendant, les voleurs
s'enfuient, et l'on n'a pas la peine de les arrêter, encore moins

de se battre avec eux. C'est simple et commode. Avis aux agents sans emploi !

LE PONT DE GALATA

On se lève tard à Constantinople : les Européens comme les Turcs ne paraissent pas pressés de vivre. Déjà le soleil est bien haut sur l'horizon, quand les rues ont repris leur animation de la veille. C'est aujourd'hui que nous allons visiter Stamboul. A mi-côte, aux pieds de Péra, la vieille cité génoise de Galata s'étend en éventail jusqu'au port. Des remparts l'enfermaient autrefois, se reliant à la tour de Galata qui est comme le pivot d'un vaste éventail. Aujourd'hui l'enceinte fortifiée a disparu ; Péra et Galata ne forment plus qu'une seule ville, réunies par des escaliers ou plutôt des échelles auxquelles on a donné le nom de rues. Mais, tandis que Péra, secouant son manteau de boue et de planches, s'éveille à une nouvelle jeunesse, Galata garde précieusement les marques de son antique origine. C'est bien une colonie génoise et, pour avoir les pieds dans la mer, elle ne les a pas plus propres. On se perd dans ce labyrinthe de rues étroites et noires, au risque d'être mis en marmelade sur le pavé visqueux par la multitude grouillante des marchands, des portefaix, des porteurs d'eau et des âniers.

Le mieux est, pour gagner le port, de prendre à Péra le funiculaire souterrain qui descend en une minute au port de Galata. Un funiculaire ? A Constantinople ? — Eh ! sans doute, et un funiculaire qui marche ! Pourquoi les Parisiens, qui grillent d'en avoir un, n'iraient-ils pas le demander aux Turcs ?

Le *pont de Galata* est à 100 mètres du tunnel : c'est le point où prennent contact la ville européenne et la ville turque, l'Europe et l'Asie ; car, bien que Stamboul soit en Europe, la présence des Turcs en a fait une ville asiatique. Deux courants humains, deux mondes pour ainsi dire, se heurtent au port de Galata ; aussi n'est-il guère de spectacle plus extraordinaire. Toutes les races s'y mêlent ; tous les costumes, toutes les langues s'y entre-croisent : c'est une confusion indescriptible, une orgie de couleurs à désespérer tous les peintres. Deux employés du fisc, vêtus de blouses blanches, veillent à l'entrée du pont ; on paye. Sur des planches épaisses et mal ajustées, voitures, cavaliers, piétons circulent avec une superbe assurance : la masse branlante gémit sous le poids ; parfois les roues des voitures et les pieds des chevaux font entendre un grand bruit de ferrailles et tressautent sur les énormes plaques de fer en saillie qui servent à relier les différentes parties du pont. Mais personne ne paraît faire attention à ces menus détails ; chacun se presse, va, vient et rêve de toute autre chose. Voici un fonctionnaire serré dans sa redingote noire et coiffé du fez cher à la jeune Turquie ; plus loin un brillant officier, tout chamarré d'or, caracole comme à la parade ; de vieux pachas en brillant équipage, couchés plutôt qu'assis dans un vaste landau, passent et regardent à peine d'un œil distrait la foule qui s'agite autour d'eux. Tous les aspects de

Un brillant officier...

l'Orient se mêlent dans une inépuisable fantaisie : les vieux Turcs, fidèles au passé, abritent sous un énorme turban leur barbe fleurie; ils s'avancent avec dignité, étalant dans une large ceinture leur ventre rondelet; des babouches jaunes ou rouges, une ample tunique de soie rayée vert et jaune complètent l'accoutrement. Voici un Albanais de haute stature aux traits fins, à l'œil vif : sa veste brodée étincelle de mille feux; à sa ceinture brillent les manches ciselés de ses nombreux poignards. A côté passe l'Arabe, grave, sévère, l'œil défiant et largement ouvert, drapé majestueusement dans son burnous de propreté douteuse. Voici un derviche avec son pot à

Mendiants.

fleurs sur la tête; un Persan vêtu de brun sous son haut bonnet d'astrakan. Puis c'est un mollah, à la vaste robe blanche; des pèlerins de la Mecque reconnaissables à leur turban vert; des popes grecs au long voile noir. Une caravane défile au milieu de la foule : ce sont des marchands de Samarcande au teint jaunâtre, à la large figure; les chameaux, hauts comme des tours, promènent leur air bête au-dessus de la marée humaine. Tout le monde s'agite, circule, sans se heurter; les femmes, à demi voilées d'une transparente mousseline, enveloppées d'un féredjé vert-pomme, rouge, bleu foncé, se pressent vers les boutiques qui s'accrochent au parapet du vieux pont ou gagnent les bateaux du Bosphore dont les appels retentissants éveillent les échos d'alentour. Les mendiants pullulent dans cette fourmilière; tous les maux s'étalent au grand jour. Ces malheureux

Mendiant.

invoquent, au nom d'Allah, la pitié des passants. Beaucoup sont aveugles et conduits par une petite fille, épave de quelque tribu errante, aux cheveux ébouriffés, au regard suppliant et dont la voix est si douce que l'on se sent ému de pitié.

Le pont de Galata.

Le flot humain afflue au débouché du pont de Galata sur la petite place de Balouk-bazar-Kapou; là, c'est un entassement fabuleux de boutiques, de bêtes et de gens, de chevaux et de voitures, et, au milieu de la cohue, des hennissements et des cris, un barbier impassible rase ses clients d'une main assurée. Il faut venir en Orient pour ne s'étonner de rien.

Un barbier à Constantinople.

Au fond de la place s'élève la mosquée de la sultane Validé : Jeni Validé Djami. Tout près de la porte se blottit une charmante fontaine aux eaux jaillissantes. Le tramway, qui part de cet endroit, longe les anciens murs du Séraï, passe devant la Sublime Porte, et, après avoir escaladé le plateau, traverse tout Stamboul, soit vers la porte de Top-Kapou, soit, par une ligne à peu près parallèle à la mer de Marmara, jusqu'au château des Sept Tours. Ce tramway est, après le cheval, le moyen le plus commode pour visiter Stamboul.

La *Sublime Porte* n'a rien qui impose : une grande entrée qui bâille au-dessous d'un auvent chargé d'inscriptions; voilà tout le mystère. A l'intérieur, de vastes bâtiments renferment les bureaux du grand vizir. On y entre comme l'on veut : aucun obstacle aux portes ni dans les corridors. De midi à quatre heures environ, le ministre tient audience ouverte et reçoit tout le monde. On n'a pas idée dans notre pays de bureaucratie taquinière d'une pareille liberté.

SAINTE-SOPHIE

Sainte-Sophie domine la pointe du Séraï et regarde à la fois le Bosphore, la Corne d'Or et la mer de Marmara. Du plus loin qu'on l'aperçoive, elle paraît émerger d'un massif de verdure et découpe bien haut dans le ciel la double pointe de son énorme croissant. Mais Sainte-Sophie, vue de près, a quelque chose d'écrasant. On dirait un vieux donjon dont les murs épais, ébranlés par le temps et les tremblements de terre, ont été doublés et appuyés par de massifs contreforts qui ont peine à les retenir.

Du monument primitif on ne voit plus que la coupole; la basilique a disparu sous la mosquée. Quatre minarets pointent leurs flèches hardies au-dessus de cette masse : des constructions de toutes sortes, bains, écoles, hospices, mausolées, se sont accrochées comme des parasites aux flancs du géant; tout cela forme un assemblage bizarre, incohérent et sans grandeur.

Autrefois il était impossible de pénétrer dans Sainte-Sophie sans un firman, c'est-à-dire une permission spéciale du sultan, qui avait l'importance d'une affaire d'État. La petite clef d'or qui ouvre aujourd'hui tant de mystérieuses retraites nous ouvrit encore celle-ci. Moyennant un demi-medjidié (2 fr. 50), les giaours entrent dans la mosquée comme les fidèles croyants, mais par une porte de côté, pour ne pas scandaliser les vieux Turcs attachés à la tradition. Sur le seuil, on chausse de larges babouches en cuir jaune, non point, comme on l'a dit, pour éviter que les pieds des infidèles ne souillent le sol sacré de la mosquée, mais simplement par convenance et parce que les Turcs bien élevés ne pénètrent jamais dans un lieu de prières, ni même dans un appartement, avec les chaussures qui portent la boue et la poussière de la rue. Les Turcs ont imaginé, pour se mettre à l'aise avec les exigences de la piété et du savoir-vivre, de chausser par-dessus leurs mules vernies des socles de bois qu'ils abandonnent à la porte.

Un vestibule grandiose et revêtu de marbre donne accès par neuf portes dans Sainte-Sophie. Au premier pas, on ne peut se défendre d'un mouvement de stupeur; le regard se perd dans un vide immense. Ce n'est point Notre-Dame avec ses mille colonnes aux profondeurs mystérieuses. Ce n'est point Saint-Pierre aux arceaux prodigieux faits pour abriter un peuple. Mais dans Saint-Pierre la perfection même des proportions fait illusion et rapetisse l'ensemble. A Notre-Dame, on se perd comme sous la voûte épaisse d'une forêt au travers de laquelle filtrent avec peine quelques rayons. Sainte-Sophie, au contraire, apparaît sans

Barbier.

détour, et tout d'un coup, dans sa lumineuse beauté. Sa coupole aérienne semble, comme dit un poète, suspendue par un fil miraculeux au milieu des nuages : l'œil s'égare pour l'atteindre dans un espace qui semble ne point vouloir finir. De là vient l'impression de grandeur que produit Sainte-Sophie : l'espace visible la fait paraître plus grande qu'elle ne l'est en effet; c'est une salle merveilleuse, un théâtre incomparable fait plutôt pour la cour des empereurs que pour le culte de Dieu.

Justinien, qui l'édifia, voulait que ce temple n'eût pas son pareil au monde. Toutes les richesses de l'empire furent mises à contribution. Le temple d'Éphèse fournit les admirables colonnes de brèche verte qui dressent leurs arcades à droite et à gauche sous le vide de la coupole. Athènes, Délos, Héliopolis envoyèrent leurs trésors. Cent sept colonnes de porphyre soutiennent de vastes tribunes de chaque côté de la nef; les murs sont tapissés de marbre jusqu'à la voûte. Chapiteaux, arcades n'appartiennent à aucun style proprement dit. On a voulu faire grand, magnifique, éblouissant, et l'on a réussi. L'or éclate sur les chapiteaux de bronze et dans les mosaïques de la voûte. L'autel se dressait jadis au fond du temple sur quatre piliers d'or massif, incrusté de diamants et de perles. Le trône de l'empereur, celui du patriarche, l'ambon d'où tombe la parole sacrée, scintillaient de pierreries. Les croix, les candélabres, les vases précieux en or massif ne se comptaient plus. Et quand, sous les mille feux des lustres, dans la fumée de l'encens, les chants sacrés roulaient sous les voûtes sonores, l'auteur de toutes ces merveilles, debout sur son trône, au milieu d'une cour éblouissante et d'un peuple agenouillé, Justinien, pouvait s'exalter dans son œuvre et dire avec orgueil le mot qu'on lui a prêté : « Salomon, je t'ai vaincu. »

L'éblouissante basilique n'est plus que l'ombre d'elle-même; elle se tait, car les Turcs sont venus. Pendant que le dernier des successeurs de Justinien luttait héroïquement sur les remparts et tombait l'épée à la main sous les morts et les décombres, une multitude tremblante se réfugiait dans Sainte-Sophie comme dans un asile inviolable. Ils étaient près de cent mille, le front dans la poussière, abîmés dans les supplications et les larmes. Tout à coup les portes de bronze retentissent; elles tremblent sous les coups redoublés des massues et tombent. Par la brèche, une horde sauvage, ivre de combat, de rapine et de viol, se déchaîne à travers la multitude affolée. Aussitôt, les pieds glissent dans le sang; on trébuche sur les chairs pantelantes : ce sont des cris de triomphe et de désespoir, des rires et des râles étouffés. Les crucifix volent en éclats, les pierreries tombent sous la pointe des poignards, et,

Constantinople. — Vue de Sainte-Sophie.

la fureur du gain l'emportant sur la soif du sang, les vainqueurs
s'entr'égorgent sur les cadavres des vaincus. C'est un tumulte
indescriptible, une sarabande de fous qui tourbillonne dans un
enfer. Alors paraît Mahomet II à cheval, entouré de ses pachas,
de ses émirs, de derviches couverts de poussière et de sang. Il
s'avance impassible, hautain, au milieu d'un horrible silence; à
l'autel, il s'arrête, et, se redressant avec effort sur ses étriers, il
jette aux voûtes épouvantées ce cri de triomphe : « Allah est la
lumière du ciel et de la terre! » C'en est fait : Mahomet a pris
possession de la demeure du Christ.

Sainte-Sophie semble aujourd'hui encore sous l'impression de
ces funèbres souvenirs, et porte dans le silence le deuil de son
passé. Les murs seuls lui restent. A la place de l'autel, un peu à
droite, le *mirhab* indique aux fidèles la direction de la Mecque. A
côté pend au mur un vieux tapis de prières que la tradition attribue
au Prophète Tout près, dominant un escalier découpé à jour, la
chaire (*menbèr*) se dresse entre deux queues de cheval, vieux
étendards témoins de l'horrible bataille. Çà et là, dans la nef,
des terrasses appuyées sur de massives colonnes et entourées
d'une balustrade servent à la lecture du Coran; des lustres innombrables descendent de la voûte avec des queues de cheval et des
œufs d'autruche. Au fond, sous l'admirable coupole, deux énormes
disques vert jaune étalent en lettres d'or quelques sentences du
Coran. C'est laid, vide et froid. Quelques fidèles, agenouillés dans
l'attitude de la prière, sont perdus en cette vaste solitude. Le
cœur se serre, et l'on trouve qu'après tout les Turcs ont bien fait
d'étaler un honteux badigeon sur les mosaïques de la voûte, pour
cacher aux saints qui la peuplent l'humiliant spectacle d'un si
complet abandon. Mais déjà le badigeon s'efface, et, radieuse,
la figure du Christ paraît comme au travers d'un nuage. Serait-ce

l'annonce d'une résurrection prochaine? Les chrétiens et les Turcs ont sur ce point une tradition commune. Si elle n'est pas menteuse, Sainte-Sophie reverra sans doute un jour les triomphantes apothéoses d'autrefois.

L'HIPPODROME

Le seul objet qui frappe en sortant, sur la place, est la fontaine du sultan Ahmed : des restes d'or et de couleurs, qui se jouent encore autour de cette charmante fontaine de marbre, disent assez quels devaient être l'éclat et la fraîcheur de sa première jeunesse.

En cherchant bien, l'on y trouverait quelques pierres arrachées au palais des empereurs. C'est ici, en effet, sur ce plateau désolé, tout blanc d'une poussière de décombres, que s'élevait la fastueuse demeure impériale. Une cour de marbre entourée d'un quadruple portique mettait en communication le palais et la basilique. Au milieu s'élevait la borne milliaire, sorte d'arc de triomphe formé de deux arceaux perpendiculaires; tout près de l'atrium, le colosse de Justinien sur son cheval de bronze avait l'air d'un triomphateur.

Tout cela n'est plus qu'un souvenir. Le palais n'a pas laissé de trace. Seul, l'Hippodrome, qui en dépendait, se reconnaît encore. Cette place de l'*At-Méidan*, désert au milieu duquel s'effritent, battus par le vent, une pyramide croulante, une ridicule colonne torse et un obélisque lamentable, c'était l'Hippodrome antique, le cœur de la cité ! Jadis un peuple entier s'y donnait rendez-vous. La place, trop petite pour le contenir, fut allongée vers la mer en s'appuyant sur des arceaux cyclopéens. Quarante ran-

gées de gradins étalaient leurs marbres autour de l'arène et se
recourbaient en fer à cheval à l'extrémité du plateau. Au-dessus,
tout autour de l'esplanade, régnait un promenoir, d'où la vue
s'étendait au large sur la ville et la mer. Des dieux, des héros de
marbre, des chevaux et des lions de bronze peuplaient cette
terrasse admirable.

Le quadrige de Lysippe couronnait l'entrée de l'Hippodrome,
au-dessus de la tribune impériale. Ce précieux monument de l'art
antique a fourni une odyssée bizarre. Enlevés par les Vénitiens,
portés par Bonaparte sur l'arc de triomphe du Carrousel, les
chevaux de Lysippe sont revenus à Venise, au-dessus de la porte
de Saint-Marc. On se demande ce qu'ils font là dans leur niche
d'église. Peut-être termineront-ils leurs courses aventureuses en
retrouvant un jour leur patrie. Mais l'Hippodrome n'a plus rien
qui les attire. Le haut piédestal sur lequel ils trônaient ne
dépasse pas le sol. Les gradins de marbre, les portiques ont servi
de carrière aux sultans pour leurs palais et leurs mosquées. Sur
l'étroite chaussée qui séparait la piste en sa longueur, les trois
monuments qui en marquent encore la direction ne sont plus que
des ruines informes.

La *Pyramide de Constantin* a perdu son revêtement de bronze
et d'or : bientôt les dernières pierres en joncheront le sol.

La *Colonne serpentine*, dont les trois reptiles d'airain soute-
naient sur leur tête le trépied d'or consacré à Apollon, ce trophée
élevé par les vainqueurs de Platée devant la porte du temple de
Delphes, n'est plus qu'un tronçon de colonne, un moignon
pitoyable. Constantin l'avait fait enlever pour embellir sa capitale. Un patriarche imbécile, dans un accès de fanatisme, brisa
deux têtes à ce démon, ouvrage des païens. Mahomet II le prit
pour une idole et fit sauter la dernière tête. On ne sait ce que

devinrent ces tristes débris : la colonne elle-même disparut ; des fouilles récentes l'ont fait sortir de terre.

Colonne de Constantin.

L'*Obélisque de Théodose* vaut à peine qu'on en parle : il a l'air d'un cyprès funèbre au milieu d'un cimetière. Le mot n'est pas trop fort : l'Hippodrome n'a même pas laissé de ruines. Bien avant l'arrivée des Turcs, les croisés aux gages de Venise avaient fondu les statues, descellé les bronzes et gratté l'or. Ce qui restait s'est englouti dans la mosquée d'Ahmed, sur le rebord du plateau, et surtout dans le palais du Séraï.

LE SÉRAÏ : SULTANS ET JANISSAIRES

Les sultans, héritiers des empereurs, subirent comme eux l'obsession de ce coin de terre, l'un des plus beaux du monde. Ils y bâtirent leur palais avec les débris de l'ancien palais impérial, à côté de Sainte-Sophie, mais plus près de la pente qui descend vers le Bosphore. L'or et le sang de l'empire continuèrent d'affluer vers ce point et, durant plusieurs siècles, ils y coulèrent à flots.

On a peine à s'imaginer la magnificence des premiers sultans : leur trésor, aujourd'hui visible dans le Séraï abandonné, renferme des merveilles incroyables. C'est d'abord le trône d'or massif, incrusté d'une mosaïque de diamants, de rubis et de perles, que le sultan Sélim enleva au shah de Perse. Puis un autre trône en bois de santal et d'ébène, sur lequel courent en mille dessins capricieux plantes et fleurs de nacre, dont le centre est de rubis, d'émeraudes, de saphirs et de perles.

Trois salles entières sont peuplées d'armures. A côté du cimeterre de Mourad, à la poignée resplendissante, brille un grand vase, dont l'or disparaît sous plus de deux mille diamants. Les housses de cheval ne se comptent pas ; l'une d'elles est recouverte d'une broderie de perles énormes. Les masses d'armes, les dagues, les sabres lamés d'or, incrustés de pierreries, étincellent de toutes parts : une des poignées est formée d'une seule émeraude. Que dire des robes de brocart d'or, épaisses à se tenir debout, des turbans et des aigrettes, sur lesquels ruisselle une rosée de diamants ? « Seigneur pacha », dit un jour le sultan à son amiral, embarrassé pour construire une flotte, « la richesse et la puissance de l'empire sont telles que, si besoin est, on ferait des armes d'argent, des manœuvres de soie et des voiles de satin. »

Quand Soliman le Magnifique partait en expédition, trois cents chambellans à cheval précédaient l'élite de l'armée, c'est-à-dire douze mille janissaires, armés de sabres et de lances et portant sur leur dos une longue arquebuse. Sept étendards rayés d'or et sept queues de cheval annonçaient l'approche du padischah. Cent trompettes avec leurs instruments retenus au cou par une chaîne d'or et cent tambours faisaient retentir l'air de sons guerriers. Venaient ensuite quatre cents archers ou gardes du corps (solaks), dont les chefs marchaient à côté de l'étrier du sultan ;

13

ils étaient coiffés de bonnets de feutre surmontés de plumes de héron, avaient la taille prise dans des ceinturons de soie et portaient des carquois richement travaillés et incrustés d'or. Parmi les rangs des solaks étaient les soixante-dix peïks (gardes du corps armés de lances), portant des casques et des lances d'or et vêtus des plus riches étoffes. Au milieu d'eux, le sultan montait un cheval superbe. Sa Majesté, pour employer l'expression d'un témoin, se trouvait voilée dans les plumes flottantes des solaks « comme le soleil qui darde ses rayons à travers de légers nuages ».

Cette magnificence cachait un pouvoir terrible : les sultans étaient des maîtres redoutables. Lorsque Mourad IV sortait pendant le jour, des janissaires écartaient le peuple à coups de pierres et de bâton ; durant la nuit, il courait parfois les rues, le cimeterre au poing, et tuait tout ce qu'il rencontrait. Ibrahim, au moindre obstacle que l'on opposait à ses caprices même les plus futiles, donnait des ordres sanguinaires : les têtes tombaient comme des feuilles. Et combien de victimes furent frappées par l'inexorable raison d'État ! « S'il y a deux califes, dit le Coran, il faut en tuer un. » Aussi le prince Sélim commença-t-il son règne en faisant massacrer sa famille, dont cinq de ses neveux. Soliman lui-même sacrifia son propre fils aux fureurs jalouses de la fameuse Roxelane et le fit étrangler sous ses yeux. Mourad III fit tuer ses cinq frères. Mahomet III en fit étrangler dix-neuf. En a-t-il vu couler du sang ce palais de marbre et d'or élevé pour la joie du maître au milieu des parterres de roses, à l'ombre des orangers et des sycomores, dans la plus belle vue du monde !

Le Séraï, palais et forteresse à la fois, s'abritait derrière d'épaisses murailles semées de tours menaçantes. C'était, à l'extrémité de la ville, comme un réduit inaccessible. Des gardes, le cimeterre au poing, y veillaient jour et nuit sur les murs ; une

Place de l'Hippodrome et Sainte-Sophie.

seule porte en permettait l'accès, la fameuse Bab-Houmayom. On peut la voir encore à côté de Sainte-Sophie, sur la petite place au milieu de laquelle dort la jolie fontaine d'Ahmed. De chaque côté de la porte se voient les niches où l'on suspendait à un clou la tête des victimes de la veille. Trois cours successives conduisaient au réduit mystérieux dans lequel vivait le Grand Seigneur : la première était pleine de janissaires; la seconde et la troisième défendues par deux portes voûtées, la Bab-es-Selam (porte du Salut) et la Bab-Séadet (porte de la Félicité). Le sabre nu des gardes et des eunuques brillait dans l'ombre et nul ne pouvait, sans être appelé, franchir ce rempart vivant.

Mais, si bien gardés qu'ils fussent, les sultans n'étaient pas pour cela sans trembler; beaucoup d'entre eux périrent de mort violente. Prisonniers du harem et des janissaires, enveloppés d'un réseau compliqué d'intrigues dont les fils aboutissaient au dehors, ils furent souvent contraints, pour sauver leur tête, de jeter celles de leurs ministres et de leurs amis à l'émeute qui grondait aux portes du palais. Les janissaires, ces soldats redoutables auxquels les premiers sultans devaient en partie leurs victoires, traitaient la ville en pays conquis. Ce n'était plus qu'un ramassis de gens sans aveu, sortis de la lie de la population, qui s'enrôlaient uniquement pour s'assurer l'impunité.

Il fallait à tout prix mettre fin à leur tyrannie sanglante. Aussi bien la Turquie, battue partout, perdait une à une ses provinces et semblait menacée de ruine. La voix publique accusait avec raison les janissaires d'avoir causé toutes les défaites par leur lâcheté, leur indiscipline et leur obstination féroce dans des pratiques ridicules. L'artillerie se servait encore des vieux pierriers du seizième siècle : il eût fallu en créer une autre et refaire une armée nouvelle. Aux premiers essais de réforme, les janissaires répondirent par l'émeute. Le salut de l'empire, comme sa sécurité intérieure, exigeaient impérieusement leur transformation ou leur ruine.

Des princes éclairés, Mustapha et Sélim III, essayèrent des réformes ; ils payèrent leur audace de la vie. Mahmoud, qui allait subir le même sort, extermina les janissaires : plus de vingt-cinq mille cadavres furent jetés au Bosphore. De ce jour (16 juin 1826) date la jeune Turquie. Mahmoud ne s'arrêta pas en chemin : vingt mille vagabonds furent expulsés de la capitale. Des fanatiques y mirent le feu : Mahmoud se multiplia, éteignit l'incendie, releva les marchés, les maisons et ouvrit le Séraï à tous les malheureux sans asile. Il défia résolument tous les préjugés, réorganisa l'armée à l'européenne, revêtit des habits à la franque, remplaça le turban par le fez, donna des fêtes, des concerts, fit frapper des monnaies à son effigie et placarder son portrait dans les casernes. C'était une violation flagrante du Coran, qui défend d'une façon absolue la représentation des figures humaines. C'en était trop pour les zélés musulmans ; ils coururent aux armes à l'instigation des ulémas. Quatre mille cadavres furent jetés à la mer. Ce duel gigantesque entre un homme et une nation dura tout le règne de Mahmoud. L'homme ne faiblit pas un instant et, pour mieux en finir avec le passé, il quitta le Séraï, cette résidence séculaire des sultans, et alla s'établir sur l'autre rive du Bosphore, en plein quartier européen, dans le palais de Tchéragan, qu'il se fit construire.

Depuis lors, le Séraï est à l'abandon, en attendant la ruine. Quelques bâtiments servent encore de refuge aux vieilles sultanes, mais le reste est ouvert à tout venant. On se promène en liberté dans la cour des Janissaires, au milieu de laquelle se dresse encore le fameux platane, tout noirci par leurs feux de bivouac ;

près de lui gît à terre un fût de colonne sur lequel on décapitait. Tout cela est d'hier et paraît déjà vieux d'un siècle. Le temps s'est fait l'auxiliaire de Mahmoud, et il semble que le sultan réformateur ait voulu, même après sa mort, jouir de sa victoire; car il repose tout près, dans sa tombe, comme un vainqueur sur le champ de bataille.

Tombeau de Mahmoud.

Le tombeau du sultan Mahmoud s'élève à cinq minutes de Sainte-Sophie, en plein Stamboul, au bord de la rue. Ce gracieux kiosque de marbre n'inspire point la tristesse. Au milieu d'une pièce octogone, le catafalque, en velours noir brodé d'argent, couvre les restes du sultan. A la tête, le fez porte, attachée sur une étoile de diamants, une aigrette d'oiseau de paradis; aux quatre coins s'élèvent des chandeliers d'argent avec des cierges énormes. Autour du catafalque court une grille d'argent et du sommet de la coupole pend un lustre venu d'Occident. Deux pendules françaises ornent chaque côté de la porte. Partout le réformateur se trahit. Son fils, Abd-ul-Aziz, repose à côté de lui, dans un tombeau. De l'autre côté reposent ses femmes sous de riches draperies rouges brochées d'or.

Nous sortions absorbés par le passé de l'illustre mort et tout déconcertés par ce tombeau en pleine rue, au milieu du bruit, si peu d'accord avec nos idées et nos usages d'Occident. Le tramway passait : nous le prîmes pour rentrer. Les tramways de Constantinople présentent quelquefois un spectacle curieux : un voile les partage en deux; en avant sont les femmes, en arrière les hommes. On est bien un peu serré dans cet étroit couloir où deux pieds d'Anglaise auraient de la peine à tenir. Mais on se tasse; le plaisir d'examiner les gens fait bientôt oublier le reste. A peine calé contre un brave homme de Turc, j'ouvris machinalement mon porte-cigarettes; il était vide. Mon voisin aussitôt, avec un tranquille sourire, m'offre son tabac, son papier parfumé, ses allumettes. On n'est pas plus aimable. Je gage qu'un Turc en turban pourrait habiter Paris toute sa vie sans rencontrer la même politesse. Les Turcs sont hospitaliers, et le mien n'a pas l'air d'un fanatique avec ses vêtements à la franque, son fez et sa figure épanouie. En voilà un qui ne doit pas en vouloir à Mahmoud! Le pittoresque s'en va, c'est évident; mais il en reste encore assez et, grâce à Mahmoud, on peut voir Stamboul sans y risquer sa tête : c'est bien quelque chose.

STAMBOUL

Le lendemain nous partions de bonne heure pour explorer la ville turque. Stamboul occupe exactement la même place que l'ancienne capitale de l'empire grec. Elle dessine, dans l'ensemble, un vaste triangle dont la pointe est occupée par le Séraï et la base appuyée aux longs murs qui réunissent la Corne d'Or à la mer de Marmara. De la base au sommet, le terrain monte et descend, formant sept collines.

La première est occupée par le *Séraï*, *Sainte-Sophie*, l'*Hippodrome* et la mosquée d'*Ahmed*. En contre-bas, les murs de l'ancienne Byzance et du Séraï suivent la vallée en passant devant la *Sublime Porte*.

Sur la seconde colline on rencontre la *Colonne brûlée*, débris de l'ancien forum de Constantin. Ce forum était une place immense, entourée de portiques, ornée d'arcs de triomphe, de temples et de statues. Au centre s'élevait une fontaine monumentale accompagnée de superbes colonnes. L'une d'elles, la colonne de porphyre, aujourd'hui *Colonne brûlée*, portait la statue d'Apollon. Marbres et bronzes ont disparu, transformés en canons; un tronçon de colonne noirci par l'incendie rappelle seul le forum d'autrefois. Saluons en passant le *tombeau de Mahmoud* et la mosquée Nuri-Osmanieh. Dans la vallée qui suit s'allonge le *grand Baʒar*, dominé jusque sur le plateau par la mosquée de *Bajaʒet*. Une touchante légende se rattache à cette mosquée. Mahomet II, passant un jour par là, rencontra un pauvre diable qui lui demanda l'aumône en lui offrant une paire de pigeons.

14

L'échange plut au Grand Seigneur et le pauvre n'eut pas à s'en
repentir. Les pigeons furent donnés à la mosquée avec une rente
pour assurer leur vie. Ils se sont multi-
pliés et lorsque, à l'heure des repas,
leur bruyant escadron s'abat dans la cour
de la mosquée, autour de la jolie fontaine
qui la décore, c'est un spectacle charmant. Voilà des pigeons qui doivent être
parents de ceux de Venise : ils sont nés
sous une bonne étoile.

La mosquée de *Soliman* domine la
troisième colline de sa masse gigantesque :
c'est la rivale de Sainte-Sophie, « la joie et la
splendeur de Stamboul ». Lorsque les Turcs, après
avoir conquis et bouleversé Constantinople, son-
gèrent à se construire des temples, ils prirent tout
simplement ceux qui existaient déjà, les transfor-
mèrent à leur usage ou les démolirent pour en
édifier d'autres. Sainte-Sophie resta le modèle dont
ils ne changèrent presque rien. Qui a vu une
mosquée les a toutes vues. C'est toujours la même

Marchand de volailles.

grande coupole portée sur quatre gros piliers, le mirhab, le
menbèr, la même lumière adoucie qui tombe des hautes fenêtres,
et le grand espace vide où l'idée de Dieu plane seule avec une
écrasante majesté. Le *Séraskiérat*, ancien palais de Constantin,
puis résidence de Mahomet II, refuge des vieilles sultanes et enfin
ministère de la guerre, dresse sa tour élevée à côté de la mosquée
de Soliman. La place qui le précède est pleine de mouvement :
des aides de camp tout cousus d'or, des cavaliers rapides la
sillonnent sans cesse. Il est d'ailleurs facile de les imiter.

Les chevaux stationnent ici par groupes, comme chez nous les fiacres. On peut les louer; il se rencontre quelquefois parmi eux d'assez jolies bêtes au jarret flexible et de belle allure. Leur maître les suit, si la course n'est pas longue; autrement, il vient les rejoindre à l'hôtel. Cette honnête confiance fait penser aux gens qui, tous les jours, à Paris, pour avoir abandonné cinq minutes leur équipage à la porte, ne trouvent plus en sortant ni cheval ni voiture.

Mais c'est un fait connu que les Orientaux ne font rien comme nous. Où l'on ôte chez nous son chapeau, ils se l'enfoncent jusqu'aux oreilles. Chez eux, l'homme bien élevé se déchausse en entrant dans un appartement : nous voyez-vous, même en été, ôtant nos bottines pour faire une visite? En Occident, on ne revoit pas un ami, s'il est marié, sans s'informer de sa femme et de ses enfants : le Turc n'aime pas qu'on l'entretienne de ces fadaises. L'opposition se montre en tout, même dans l'expression de sentiments qui sont partout les mêmes, puisqu'ils tiennent au fond de la nature humaine. Leurs temples sont vides, les nôtres sont chargés d'ornements; leurs morts vont vite à la dernière étape, les nôtres lentement : ils les enveloppent de rouge et d'or, nous de noir et d'argent; leurs cimetières sont sans tristesse, les nôtres sont navrants. Ce n'est pas assurément une des choses les moins étranges de cet étrange pays que cette contradiction perpétuelle avec nos idées, nos mœurs et nos usages. Après tout, de nous à eux, qui est dans le vrai? Peut-être un peu chacun de son côté.

Comme un pont aérien, l'aqueduc de Valens réunit la troisième et la quatrième colline : ses arcades audacieuses n'étonnent point de la part des Romains; ils en ont semé le monde. Le sol de Constantinople ne fournit presque pas d'eau; il fallait la faire venir de loin, l'emmagasiner dans de vastes réservoirs. Aussi la ville impériale fut-elle largement approvisionnée d'eau. De véritables fleuves alimentaient ses bains et ses fontaines. Partout d'énormes constructions souterraines retenaient sous leurs voûtes de briques une immense quantité d'eau. On a compté jusqu'à vingt grandes citernes à Constantinople. L'une d'elles, la citerne des *Mille et une Colonnes*, se voit près de l'ancien Hippodrome. Nous y sommes descendus par un escalier commode, jusqu'au fond; car la citerne est aujourd'hui desséchée et sert d'atelier aux tisseurs de soie. La voûte immense repose sur une forêt de colonnes; mais la vase accumulée a recouvert le sol et diminué la hauteur des piliers : ils n'ont plus que 7 mètres et demi de haut. Telle qu'elle est, la citerne des Mille et une Colonnes produit un effet saisissant. Les Turcs ont renoncé à s'en servir et changé le régime général des eaux dans la capitale. Des travaux hydrauliques de premier ordre captent l'eau dans la forêt de Belgrad et alimentent largement la ville.

Prêtre grec.

La quatrième colline et la cinquième sont, ainsi que les autres, couronnées d'une mosquée. Cette dernière porte la mosquée de *Sélim;* l'autre, la *Mehmédieh,* bâtie par le conquérant avec les marbres et à la place même de l'église des Saints-Apôtres, l'une des plus vénérables basiliques de Constantinople. Tout près se trouvent l'ancien marché aux esclaves et la place sur laquelle furent exterminés les janissaires.

Nous allions au travers de Stamboul, cueillant les souvenirs, en quête de pittoresque. De temps en temps la coupole d'une mosquée nous tirait d'embarras, car les rues n'ont pas de nom. D'abord, est-ce que ce sont des rues? Stamboul ressemble à un grand village délabré, où chacun s'est établi au hasard. Il semble

Constantinople. — Rue de Stamboul.

que les Turcs aient gardé la nostalgie de la vie nomade. On
imagine tout un peuple d'émigrants, comme les barbares d'autrefois, transportant avec eux leurs femmes et leurs enfants sur
des chariots avec d'innombrables troupeaux. Une terre fertile
venait-elle à paraître sous un soleil plein de promesses : la horde
campait; les chariots se fixaient. Bientôt une fragile maison de
bois les remplaçait. On dirait que les Turcs en sont encore là.
Les maisons de Stamboul ont un air décrépit, vermoulu, qui
annonce un campement plutôt qu'une ville. Les rues tournent
et retournent, montent et descendent, se heurtent à des fonds
sans issue. Personne ne paraît : on dirait un lieu désert. Çà et là
quelque porte, qui s'ouvre discrètement, laisse passer une ombre
rouge ou verte ou brune : c'est une femme qui se glisse dehors,
l'air inquiet, et s'en va traînant ses savates sur les pavés pointus.
Quelques cafés égarés rompent seuls la monotonie de cette solitude : on y fume, accroupi sur un siège au milieu de la rue.
Hormis les chiens, cela ne gêne personne. Et Stamboul est
ainsi durant trois heures de marche : nous étions navrés. Tout à
coup, au détour d'une rue, un vieux nègre parut, assis sur une
borne. Son turban et ses bas d'une éclatante blancheur enca-
draient un veston rose de la nuance la plus tendre. Sur son visage
d'encre jaunâtre, couvert de rides et de boutons, trois ou quatre
brins de barbe blancs et durs comme des piquets s'échelonnaient
le long des lèvres lippues. Ce masque nous fit éclater de rire; le
nègre ouvrit une large bouche et sourit de confiance. Allons! la
gaieté n'est pas morte dans Stamboul.

Au-dessous de la mosquée de Mahmoud s'étend, le long des
rives de la Corne d'Or, l'ancien quartier grec du *Phanar*. C'est là
que réside encore le patriarche et qu'eurent lieu les horribles
massacres de 1821. En suivant le rivage, on arrive à Galata, le

ghetto de Constantinople. Quand nous y passâmes, le quartier venait d'être en partie dévoré par un incendie. Des mares noires, des décombres, des ordures, des dépouilles sans nom faisaient de ce coin un cloaque invraisemblable. Il nous fallut grimper, sauter, faire mille détours pour atteindre l'ancien faubourg des *Blaquernes* où s'élevait jadis le palais doré des empereurs. La colline qui porte encore ses ruines forme la dernière ondulation du terrain qui, depuis la pointe du Séraï, se replie six fois sur lui-même comme une vague et vient mourir dans la plaine, au fond de la Corne d'Or.

EYOUB

Nous franchîmes avec une véritable joie les murs de la ville, et bientôt, à travers des maisons, des cimetières, des bosquets, nous atteignîmes Eyoub. La mosquée trois fois sainte, dans laquelle chaque sultan vient, à son avènement, ceindre le sabre du Prophète, disparaît au milieu d'un grand village dont les maisons grossières et les rues malpropres sont encombrées d'une population multicolore. Ici les Turcs sont bien chez eux : le turban règne en maître et les giaours égarés dans ces parages y font assez triste figure. Ils n'ont, pour se donner une contenance, qu'à visiter le cimetière.

En Orient, l'on se promène dans un cimetière comme dans un jardin public. Les musulmans n'éprouvent pas la même impression que nous en face de la mort. Cela tient sans doute à l'idée de la toute-puissance divine qui pèse sur leur vie et leur fait accepter la mort comme un incident ordinaire. Aussi le cime-

tière n'a-t-il rien qui les effraye. On trouve des tombeaux partout,
au milieu de la ville, le long des rues, parmi les maisons. Mais
il n'y a point de tombes sans arbres. Les cimetières sont
de véritables forêts où, à l'ombre épaisse des cyprès, les uns
dorment, les autres mangent : des troupeaux paissent tranquil-

Cimetière à Scutari.

lement ; des enfants jouent avec le rire innocent de leur âge. Point
de portes d'ailleurs, ni de murs qui arrêtent les passants. On
vient là chercher un abri contre la chaleur du jour ou s'égarer,
comme à Scutari, dans le mystère, parmi les myriades de colonnettes inclinées de toutes parts sur les tombes. Aucun de ces monuments élevés chez nous par l'orgueil à quelque illustre mort : on
coiffe la colonnette d'un turban pour désigner un homme, d'un
fez pour un enfant ; les femmes ont une palme ou un bouquet de

fleurs. Ici ou là, quelque courte inscription détache ses arabesques d'or sur fond vert; mais c'est presque toujours un verset du Coran, et l'on y chercherait en vain ces phrases ampoulées et ridicules qui déparent chez nous les plus sincères regrets. L'égalité dans la mort est absolue chez les Turcs, et cela n'a rien qui doive surprendre de la part d'un peuple chez lequel le sentiment de l'égalité s'allie si intimement avec celui de l'obéissance que le sultan, maître absolu de ses sujets, doit être fils d'esclave.

Les grands cimetières de Constantinople s'étalent généralement en belle vue sur le versant d'un coteau. Celui d'Eyoub descend gracieusement vers la mer et tapisse le fond de la Corne d'Or : de ce point, la vue de Constantinople est admirable.

LES EAUX-DOUCES ET LA CORNE D'OR

Tout près, à gauche, entre deux collines pointées de blanches colonnettes, s'ouvre la jolie vallée des Eaux-Douces d'Europe. Un petit ruisseau, le Barbyzès, y entretient une agréable fraîcheur parmi les bouquets d'arbres et les vertes prairies. C'est là, au milieu des fleurs, des oiseaux et des cascades, que le sultan Mahmoud avait édifié, pour y cacher sa sultane favorite, un nid d'or et de soie. Le nid est aujourd'hui sans voix, les murs croulent, les planches moisissent : d'horribles bêtes y attendent l'écroulement définitif.

Les Eaux-Douces d'Europe ont été longtemps le Bois de Boulogne des Osmanlis. La société élégante s'y donnait rendez-vous, et l'on pouvait au milieu des voitures et des riches équipages, aux éclats joyeux d'une fête foraine, voir étendues sur de riches tapis les femmes des différents harems. Caqueter, rire, critiquer les passants, manger des fruits, humer quelques cigarettes fait le bonheur de ces dames. C'est là que les jeunes beys viennent chercher fortune. On peut, à l'aide d'un ami sûr et éclairé, deviner les mille intrigues, entrevoir comme dans un demi-jour les fils déliés qui composent la trame mystérieuse de la vie orientale.

Aujourd'hui la promenade des Eaux-Douces est un peu démodée; on n'y vient guère que le vendredi pendant les mois de mai et de juin. En août, lorsque nous y étions, il ne s'y trouvait personne. Les Turcs, paraît-il, ne quittent plus qu'à regret les rives enchantées du Bosphore et leurs chalets perdus sous la verdure.

Nous revînmes en caïque à travers la Corne d'Or, et, pendant que notre légère embarcation effleurait comme une hirondelle la crête des flots, un admirable panorama se déroulait sous nos yeux. A droite, Stamboul avec ses collines comme un décor de théâtre; à gauche, les hauteurs qui s'abaissent dans la vallée de *Kassim-Pacha* pour se relier aux escarpements de Péra et dominent, le long du bord, les dépôts de la marine et l'arsenal de *Ters-Hané*.

Ici se tient immobile un amas de vieux bois et de ferrailles qui s'appelle la flotte turque. Ces respectables carcasses doivent tenir sur pilotis, car les soldats y font l'exercice comme sur un champ de manœuvre. Imagine-t-on, si la flotte dans un accès venait à remuer, la nuée de rats, de canards et d'oiseaux qui s'échapperaient affolés des paisibles retraites où ils demeurent depuis plusieurs générations?

La flotte mouille dans un égout, déversoir de l'immonde vallée de Kassim-Pacha, que par une amère dérision l'on appelle *vallée des Rossignols*. C'est une déplorable cour des Miracles où grouillent, en de hideuses bicoques, des êtres à face humaine. Nous vîmes dans une de ces invraisemblables baraques un porc se vautrant au milieu des loques : quelques poules et un squelette branlant de chien galeux complétaient avec lui la famille du maître. Il n'y a peut-être pas au monde un si triste mélange de misère, de vice et de crime. Ce qu'on peut dire de la vallée des Rossignols sera toujours au-dessous de l'amère vérité.

LE BOSPHORE

Après avoir doublé l'égout de Kassim-Pacha, notre caïque franchit le Vieux-Pont établi par Mahmoud. Bientôt il s'amarrait au milieu d'une flottille au pont de Galata.

Le Bosphore est la gloire de Constantinople. Il distingue et réunit trois villes qui ne forment qu'une seule cité : Stamboul, la ville turque, Péra, la ville européenne, et Scutari, la ville asiatique. Comme un grand fleuve aux bords fleuris, le Bosphore descend de la mer Noire et s'épanouit à la pointe du Séraï en une vaste nappe d'eau dont une partie reflue dans la Corne d'Or, tandis que l'autre s'écoule vers la mer de Marmara. Le Bosphore est sillonné de bateaux à vapeur qui partent à chaque instant du pont de Galata et desservent alternativement la côte d'Europe et celle d'Asie.

Ces bateaux comme les tramways sont séparés en deux parties : l'une pour les hommes, l'autre pour les femmes ; une toile mobile sert de barrière. La meilleure place pour bien voir le rivage est la passerelle du capitaine. Si l'on est un peu diplomate il est facile d'y arriver. Le règlement défend de parler au capitaine pour ne pas le distraire : c'est une raison de plus pour être à l'aise.

La rive du Bosphore présente une succession de chalets, de kiosques, de palais et de villages gracieusement assis au milieu des bosquets. La plus charmante fantaisie a été prodiguée dans ces constructions fragiles ; elles semblent édifiées pour un jour. Les palais seuls sont de marbre. Voici *Dolma-Bagtché*, avec son entassement de richesses et ses terrasses dont la grille dorée, découpée à jour, se suspend comme une liane à des colonnes éclatantes de blancheur. Plus loin, c'est le palais de *Tchéragan*, résidence de Mourad, ex-sultan de trois mois et frère du sultan régnant Abd-ul-Hamid II. Ildiz-Kiosk et Tchéragan sont reliés par un parc merveilleux qui couvre la colline comme une forêt. C'est là, sous ces épais ombrages, que se promènent les beautés du harem impérial. Les villages se succèdent le long de la rive, avec leurs cafés en treillages fleuris, suspendus à la fraîcheur de l'eau. Tous les aspects s'y mêlent ainsi que les costumes.

Semblable à un donjon du moyen âge, le château de *Rouméli-Hissar*, élevé par Mahomet II, se dresse sur la côte d'Europe. En face, sur l'autre bord, *Anatoli-Hissar* croisait ses feux avec lui et couvrait au loin les flots de boulets de marbre. C'est l'endroit le plus resserré du Bosphore : il n'a pas 300 mètres. Tous les peuples ont franchi ce fossé : avant les Turcs, les croisés bardés de fer ; Xerxès, avec la multitude de ses soldats. Leur souvenir survit à peine, et la nature qui les a vus passer reste éternellement belle. Les maisons de campagne et les jardins, les villages et les bois descendent de l'azur du ciel jusqu'à la mer. Les pachas, les vizirs, les ambassadeurs, les sultans ont ici leur résidence. Voici *Thérapia* et les stationnaires de France, d'Italie et d'Angleterre qui se balancent sur leurs ancres dans la rade ; *Buyuk-*

Déré, avec ceux d'Allemagne, de Grèce et de Russie. Buyuk-Déré est la dernière escale des bateaux à vapeur avant la mer Noire ; ce n'est pas la moins belle.

La côte d'Asie rivalise avec celle d'Europe ; elle est plus verte et fréquentée de préférence par les riches Ottomans. Le sultan y possède un kiosque où, dit-on, Méhémet-Ali engloutit 7 millions pour l'offrir à son suzerain. Là-haut, par-dessus les platanes et les sycomores, plane le palais de Beylerbey, séjour enchanteur où résida l'impératrice Eugénie lorsqu'elle vint inaugurer le canal de Suez, encore dans tout l'éclat de la puissance et de la beauté.

Mais que dire du Bosphore qui n'ait été dit cent fois déjà par ceux qu'une fée bienveillante a poussés vers ces parages ? Les poètes ont chanté leur beauté ; les historiens ont évoqué les souvenirs qui s'y pressent. On ne peut que glaner après eux et goûter en silence la joie d'admirer.

C'est ce que nous fîmes, et le soir nous avait ramenés à l'hôtel que nous rêvions encore.

IV

DE CONSTANTINOPLE A ALEXANDRIE

ERDUES dans le lointain de l'Orient, Constantinople, Smyrne et Alexandrie — l'Europe, l'Asie et l'Afrique — se mirent dans les flots de la Méditerranée et semblent se tenir comme par la main. C'est une charmante promenade que d'aller de l'une à l'autre ; mais il faut être de loisir : l'Orient ne comprend pas les gens pressés. Aussi, en vrais Orientaux que nous étions déjà, faisant la sieste et fumant le narguilé, avions-nous pris des précautions minutieuses contre les troubles inséparables du départ. Deux places choisies et numérotées nous attendaient sur l'un des bateaux russes qui font le service d'Odessa, Constantinople, Smyrne et Alexandrie.

Nous partîmes donc avec la tranquille assurance de pachas en retraite. Jamais le spectacle de la rue ne nous avait autant intéressés : ici, un marchand barre la route et parlemente avant d'enlever son étalage; là, un chien qui dort nous fait prendre un détour; plus loin, il faut s'élancer pour sauter une fondrière. Arriverons-nous ? Le moyen d'en douter avec une heure et demie d'avance! Enfin voici le quai et la douane; car, en cet excellent pays de Turquie, la douane met la main sur ceux qui sortent aussi bien que sur les arrivants. Par bonheur, elle n'est pas terrible et mêle à un sentiment de défiance très naturel une certaine débonnaireté qui rassure.

Quelques coups de rames, et nous voici chez les Russes. Aussitôt il faut jouer des coudes : nous pensions trouver la place à peu près déserte, et voici qu'une foule grouillante encombre le pont, l'entrepont et la cale. Le navire est plein d'émigrants : hommes, femmes, enfants, ballots, matelas, ustensiles de cuisine, tout s'entasse pêle-mêle, bien haut par-dessus bord. Par Mahomet! qu'allons-nous devenir?

Après des tours et des détours incroyables, nous trouvons enfin le majordome qui préside d'ordinaire à l'installation des passagers. Il parle russe; nous nous expliquons en français. Déjà étourdi par le tohu-bohu de la foule qui s'agite autour de lui, le pauvre homme ne comprend goutte. Nous tendons alors nos billets. La belle affaire! Toutes les places ont été envahies. Faudra-t-il pourtant coucher sur le pont? Nous courons après le capitaine, poussant de droite, de gauche, bousculant les ballots, les enfants, les voyageurs qui courent ainsi que nous, sans trouver à qui parler. On dirait que dans l'affolement général tout le personnel a disparu.

Enfin voici le capitaine : sa belle taille, sa figure grave, sa casquette de haut bord commandent le calme dans le cercle qui se presse autour de lui. Notre embarras lui inspire quelques paroles d'une extrême bienveillance : mais qu'y faire? Les billets de place délivrés à terre par le bureau de la Compagnie sont plus nombreux que les places elles-mêmes. Il n'y a qu'une ressource : à force de diplomatie et d'instances, nous finissons par obtenir un coussin de cuir dans la cage de l'escalier qui descend aux cabines. Encore faut-il, jusqu'au moment du départ, monter la garde et montrer les dents à ceux qui menacent notre dernier refuge. Alors nous regrettons amèrement le Pirée : jetés là-bas comme des pa-

Le capitaine russe.

quets dans une cabine à quatre places, traînés ici comme des pachas pour échouer piteusement dans une cage d'escalier, — quelle chute !

Soudain retentit le signal du départ. Péra et Stamboul en frémissent, et le son, répercuté d'une colline à l'autre, roule et se perd au fond de la Corne d'Or. Déjà les mosquées s'enveloppent des teintes roses du couchant; les minarets fuient à tire-d'aile, tenant nos regards attachés, comme le mirage qui, après avoir un instant animé le

Types de passagers.

désert, s'éloigne, s'estompe et disparaît dans la brume d'un lointain insaisissable.

Nous filons vers le sud : à droite, l'admirable amphithéâtre du Séraï ; en face, *Kadi-Keuï*, l'antique Chalcédoine, dont les marbres ont édifié les mosquées et les palais des sultans. Au loin, et dans le prolongement de la côte d'Asie, les *îles des Princes* émergent de l'eau, semblables à des corbeilles fleuries. Ces îles, autrefois retraite ou prison des empereurs, sont maintenant le séjour préféré des riches Levantins, heureux d'oublier dans le calme et la fraîcheur de ce coin privilégié le fracas de la ville.

Mais déjà les îles des Princes fuient à leur tour, le soleil disparaît à l'horizon et rougit de ses dernières lueurs la cime neigeuse du vieil *Olympe*. Jeté comme un défi vers la mer par la chaîne de l'Ida, l'Olympe prolonge jusqu'au rivage les rides profondes qui sillonnent ses flancs. Quel témoin que ce vieillard ! L'Europe et l'Asie, la barbarie et la civilisation se sont maintes fois heurtées sous ses yeux. Des hauteurs sereines où il cache sa tête vénérable, il a vu se remuer ces pygmées dont notre imagination a fait des héros et des dieux, Priam et Agamemnon, Hector et Achille. Plus tard, l'Asie avec les Turcs a repris sa revanche sur l'Europe : c'est d'ici que les Ottomans sont partis. Brousse fut leur première capitale. Aux pieds de l'Olympe, la plaine de Brousse étale un admirable tapis d'arbres et de fleurs au milieu desquels la ville est assise sur le revers de la

Femmes turques à bord.

montagne, aux bords d'un ravin pittoresque. Là reposent, sous des bosquets de rosiers, le conquérant de Brousse, Orkhan et son père Osman, fondateur de la dynastie ottomane. Du haut de leurs terrasses fleuries, ils contemplent en face la vieille terre d'Europe que leurs successeurs ont conquise.

Cependant la nuit est venue. Nous voguons en pleine mer de Marmara; la brise fraîchit; chacun se retire, les heureux dans leur cabine, nous dans notre cage d'escalier.

A l'aube, nous franchissions les Dardanelles. La côte d'Asie déploie sous nos yeux un riche manteau de forêts et de plaines cultivées. Voici la *Troade* et son cortège de souvenirs. Mais il s'agit bien d'Ulysse et d'Agamemnon! Les passagers se sont levés avec le soleil. A gauche, en contre-bas des marches qui conduisent du pont des premières à celui des secondes, un Turc s'est installé avec toute sa famille. C'est un véritable campement. Couvertures, matelas, ustensiles de cuisine, cafetières surtout, rien n'y manque : c'est l'usage en Orient; l'on ne voyage pas sans son mobilier. Les gens riches eux-mêmes préfèrent ainsi dormir sur le pont confortablement installés plutôt que de subir la promiscuité et l'odeur des cabines de seconde classe, ou de se morfondre en première, au-dessus de l'hélice, sans pouvoir fermer l'œil. Peut-être ces Turcs sont-ils, au fond, plus malins que nous. Ils sont assez propres d'ailleurs et passent leur temps à fumer des cigarettes. Le coin qu'ils occupent sur le pont forme un petit cercle à part : tout le reste appartient aux émigrants, Juifs russes, qui vont coloniser en Palestine.

Debout avant le jour, quelques hommes se sont réunis, la tête couverte d'un voile de lin retombant sur leurs épaules;

Juifs à bord.

une petite boîte carrée (un symbole, sans doute) s'attache par des courroies au bras gauche et au front. Rien de bizarre comme cet assemblage de voiles de lin, de casquettes et de longues houppelandes. Cependant le groupe s'est tourné du côté du soleil et, la Bible à la main, commence la prière sur un ton monotone qui rappelle la mélopée dont les Turcs accompagnent la récitation du Coran. Mahomet a beaucoup emprunté à Moïse : la forme extérieure de la prière a chez eux des ressemblances frappantes, et il n'y a pas jusqu'au balancement du corps, accompagnement ordinaire de la pieuse mélopée, qui ne fasse illusion. Bientôt, autour du premier groupe, se sont réunis des jeunes gens, des enfants, des vieilles femmes aux lunettes branlantes. Tous les âges, toutes les voix se confondent en cet hymne matinal au Créateur.

La prière finie, voici le déjeuner des émigrants. Assis sur des malles ou perchés sur des ballots, ils tirent de leurs profonds havresacs, brunis par l'usage, de maigres provisions, du fro-

mage, des concombres, des courges, des oignons, qu'ils dévorent
sans apprêt. Aucune plainte pourtant ; du moins nous n'en perce-
vons pas. Puis, les uns dorment, les enfants se roulent au milieu
des débris ; des hommes graves, à barbe blanche, se commu-
niquent leurs projets et leurs espérances. Le soir venu, un
homme, jeune encore, nouveau Moïse de cet
Exode, entonne sur la flûte ou sur un mauvais violon des airs que tous écoutent
avec un religieux respect.

Mais voici chez nos Turcs
un autre spectacle. La caravane se compose de trois
femmes, dont l'une jeune et
fort belle encore, et d'une
sorte de drogman qui les
conduit. Assises à l'orientale
sur un matelas, elles fument
des cigarettes qui paraissent
être délicieuses. Au milieu
du groupe, une lanterne à la flamme
vacillante anime les visages de lueurs
fugitives. Le gardien de ces houris, assis

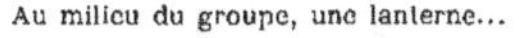

Au milieu du groupe, une lanterne...

comme elles sur ses jambes repliées, parle avec force gestes :
tantôt la voix éclate comme sous l'impression d'une vive colère,
tantôt elle s'adoucit et semble murmurer quelque douce confi-
dence ; la joie, la tristesse, la peur, tous les sentiments se
traduisent avec une vivacité extraordinaire. Cette fois, il n'en
faut pas douter, je comprends le turc. Mon homme doit raconter
une histoire des *Mille et une Nuits*.

L'Orient est la patrie des contes, et jamais je n'ai saisi au vif comme dans cette soirée le goût inné des Orientaux pour cet agréable passe-temps.

Cependant les cigarettes de l'auditoire vont leur train comme les phrases du narrateur ; le récit s'allonge avec les gestes : ils seront là sans doute encore demain matin. Je reviendrai entendre la fin de l'histoire : pour ce soir, il est temps de dormir.

SMYRNE

E lendemain, de bonne heure, nous entrions à *Smyrne*. La rade abritée au sud par le mont Mimas, à l'est par le Pagus, au nord par le Sipyle, s'ouvre en un cirque immense capable de loger toutes les flottes du monde. Ce magnifique bassin mesure 54 kilomètres de long ; sa largeur varie entre 8 et 24 kilomètres. Smyrne a été de tout temps l'un des ports les plus fréquentés du Levant. Les Génois y avaient édifié sur le mont Pagus une forteresse que les Turcs ont restaurée : quelques parties sont grecques et datent d'Alexandre le Grand. D'autres pans de muraille, d'aspect cyclopéen, décèlent une origine encore plus éloignée. Quel que soit le passé de Smyrne, la ville actuelle semble appelée à un brillant avenir : un quai superbe a remplacé les antiques masures qui déshonoraient son front. Tout y a gagné, les marchandises, les voyageurs, sauf peut-être le pittoresque. Mais ce pays en est si riche qu'il ne faut pas trop regretter un peu d'aise et de propreté.

Smyrne est le point de pénétration de l'Asie Mineure : deux lignes de chemins de fer s'enfoncent dans le pays jusqu'à Alascher, d'une part, de l'autre jusqu'à Seraikoi. La campagne est admirable, montagneuse et boisée. Mais elle n'est pas sûre, dit-on : les maraudeurs en sont les maîtres. C'est du moins ce que raconte un passager, grand amateur de chasse, qui, s'il faut l'en croire, ne pénètre jamais sans les plus grandes précautions dans ce paradis des chasseurs. Une carte circulaire le dispense de trahir au guichet de Smyrne le nom de la station où il doit descendre; car il y a toujours, à la gare, des oreilles tendues, prêtes à surprendre le secret des voyageurs. A la descente du train, s'ils arrivent tard ou s'enfoncent dans les bois, les infortunés sont cueillis sans faute. On cite le cas d'un

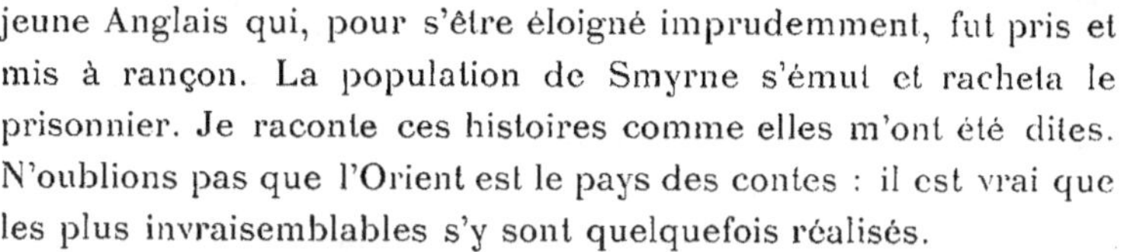

jeune Anglais qui, pour s'être éloigné imprudemment, fut pris et mis à rançon. La population de Smyrne s'émut et racheta le prisonnier. Je raconte ces histoires comme elles m'ont été dites. N'oublions pas que l'Orient est le pays des contes : il est vrai que les plus invraisemblables s'y sont quelquefois réalisés.

Pendant que je bavarde, nous sommes arrivés. L'heure matinale (il est huit heures) nous fait libre passage : personne à la douane. Bien que le soleil brille, il paraît que les honnêtes gens dorment encore. Après un déjeuner rapide, nous quittons le port et pénétrons dans la ville. La rue qui s'allonge parallèle au quai ne présente aucun intérêt; les maisons sont propres, d'aspect agréable. C'est le quartier habité par les riches commerçants de la cité, le quartier franc, comme on l'appelle : il forme comme une république fédérative dont chaque groupe dépend de son consul. La ville haute est habitée par les Turcs et placée directement sous leur autorité. Les Arméniens et les Grecs sont nombreux.

C'est au bazar qu'il faut d'abord se rendre dans toute ville d'Orient. Celui de Smyrne peut compter parmi les plus curieux :

Bazar à Smyrne.

c'est un dédale de sombres voûtes impénétrables à la chaleur du jour, avec des tours et des détours à ciel ouvert. Çà et là, des vignes folles étendent au-dessus des passants le treillis protecteur de leurs feuilles; plus loin ce sont des lambeaux d'étoffe mal ajustés qui se suspendent d'un toit à l'autre. Dans ce cadre extraordinaire, au milieu des ruelles étroites qui courent dans tous les sens et se replient comme les anneaux compliqués d'un reptile, circule une foule bizarre : Turcs, Arméniens, Européens, habitants de l'intérieur, s'avancent dans l'ombre ou sous l'éclatant soleil. Chacun vaque tranquillement à ses affaires; le marchand, assis sur le rebord ou dans l'enfoncement de sa boutique, attend gravement les acheteurs ou adresse un salut amical aux passants; l'intermédiaire, qui pullule dans tous les bazars d'Orient, guette avidement quelque nouveau débarqué pour le conduire de boutique en boutique, sous prétexte de quelque achat merveilleux.

Rien ne ressemble moins à nos foires et à nos marchés que ces bazars orientaux : point de cris, ni de bousculades, ni de cette poussière aveuglante qui roule avec le brouhaha de la foule. Ici, rien qu'un bruit de voix et, à chaque détour, la sonnette mélancolique d'un petit âne qui s'avance fièrement à la tête d'une

longue file de chameaux. Ces animaux sont superbes à Smyrne ;
leur poil est long et soyeux, leur taille énorme : la plupart dépas-
sent de la tête les constructions rudimentaires qui bordent les
rues et abritent les boutiques. Est-ce pourtant la peine d'être si
grand pour avoir l'air si bête? L'âne minuscule qui les conduit
semble avoir conscience de sa supériorité, et il a raison : toutes
les têtes de chameaux réunies ne valent pas la sienne. De temps
en temps la caravane s'arrête à une fontaine, sous l'ombre de
quelque grand arbre. Rien n'est plus pittoresque; mais ce n'est
pas une mince affaire pour le cha-
melier que de faire boire ses bêtes.

La rue qui conduit au pont
des caravanes est encombrée de
chameaux. La plupart viennent de
l'Asie Mineure, de l'Euphrate, de
la Perse, même de l'Asie centrale.
Smyrne est un centre commercial
de premier ordre : les armes, les
tentures, les tapis aux riches couleurs, la soie, les figues et la noix
de galle sont les principaux objets
de son commerce. On voudrait
s'attarder autour des caravanes
et y passer le jour entier à regarder la foule bigarrée qui s'y mêle.
L'heure impitoyable nous contraint
de partir. — Un souvenir pourtant

Une rue de Smyrne.

au modeste ruisseau le Mcnès, dont les bords ombragés de platanes, de cyprès et de sycomores virent naître le divin Homère.

Nous revenons en toute hâte à travers le bazar. Des cuisines

17

en plein vent, proprement établies sur des carreaux de faïence, dilatent agréablement l'odorat. Nous approchons; le maître-queux fabrique lestement devant nous des crêpes au beurre et aux œufs, cuites dans la graisse de mouton et saupoudrées de sucre : le goût vaut l'odeur, il est parfait. Tout nous retient ici, mais l'heure est sans pitié, et il faut en maugréant regagner notre vapeur au plus vite. Cette fois la douane est à son poste. Nous exhibons nos *teskérés* (1). Mais jugez de la surprise : les teskérés ont été brouillés à Constantinople, et mon compagnon de voyage (qui pourtant comprend un peu le turc) a mis par mégarde dans sa poche une feuille énorme aux jolis parafes, qui a la prétention de donner son signalement. Le teskéré lui donne soixante-quinze ans. Pour son âge, il est vraiment bien conservé. L'employé de la douane nous regarde interdit, puis sourit, et,

Une fontaine à Smyrne.

comprenant l'aventure, nous salue d'un « Bon voyage, messieurs ! » en excellent français. La douane turque a décidément du bon; son grand défaut est d'accrocher partout le voyageur : ces arrêts incessants, ces formalités nécessaires pour le moindre déplace-

(1) Signalement et permis de circuler.

ment, quelle que soit d'ailleurs la patience qu'on y puisse mettre,
finissent par agacer, plus peut-être que les tracasseries auxquelles
nous soumettent sans mesure les douaniers européens.

Nous voici chez les Russes; mais cette fois les voyageurs
débarqués à Smyrne ont fait place, et nous abandonnons avec
une véritable joie notre dessous d'escalier pour une haute et confortable cabine. Enfin! Sur le pont, la même foule grouille toujours
et donne à notre steamer l'aspect d'un campement de bohémiens.
Tout à coup éclate un orage terrible : en moins de temps qu'il
ne faut pour le dire, l'amoncellement des hommes et des bagages
disparaît sous une épaisse nappe d'eau. Chacun se sauve comme
il peut et se fait un abri, qui d'une malle, qui d'un matelas; des
grappes humaines dégringolent par l'échelle de la cale. Mais la
durée de l'orage est limitée par sa violence : la trombe se change
en pluie fine, puis en brouillard et disparaît. Au loin, le ciel se
découvre et les derniers rayons du soleil dorent la crête des
montagnes. Le calme est profond, la lumière admirable, l'air
limpide. Comme nous regardions muets d'admiration, un superbe
navire vint se ranger à côté de nous dans le port. C'est un bateau
des Messageries maritimes ; le drapeau français flotte au mât
dans l'azur du ciel. Salut à la patrie! C'est l'arc-en-ciel après
l'orage

CHIO

ᴀʀᴛɪs durant la nuit, nous longions de bonne heure les rives de *Chio*. Qui ne connaît la grande île, au sol prodigue, dont les oranges, les citrons, le miel, les amandes, le coton et la soie ont entassé des monceaux d'or pour cent générations successives? Les Chiotes, énervés par une longue prospérité, ont accepté sans murmurer toutes les tyrannies. Commerçants avant tout, ils ont peu sacrifié aux grands mots de liberté et de patrie et se sont accommodés de toutes les servitudes, pourvu qu'elles fussent avantageuses. La raison du plus fort a toujours dirigé leur politique : ils se firent les alliés des Ioniens contre les Perses, de Xerxès contre la Grèce, d'Athènes, de Sparte et de Thèbes, de Mithridate et des Romains. Puis les empereurs de Byzance, les Arabes, les Vénitiens, les Génois et les Turcs furent successivement les bienvenus parmi eux. La Porte leur laissa même une sorte d'autonomie : l'île était gouvernée par un conseil de trente membres élus et trois démogérontes choisis parmi les habitants.

On sait quelles épreuves réservait à Chio l'insurrection générale de la Grèce. En mai 1821, une escadre grecque vint mouiller devant l'île et réclamer son concours pour l'affranchissement général. Les Chiotes le refusèrent et la flotte s'éloigna. Mais, pour n'avoir pas su prendre parti en se déclarant les amis ou les ennemis de la Grèce, Chio fut durement traitée : mille soldats turcs irréguliers jetèrent la terreur dans l'île; la population tremblante dut élever des redoutes, construire des affûts de canon, travailler sous la menace du sabre. Ces vexations pourtant eussent été supportables. Mais, le 22 mars 1822, quelques centaines d'aventuriers grecs venus de Samos se jetèrent sur Chio et pillèrent les mosquées. La résistance acharnée de la citadelle permit au sultan d'envoyer quinze mille hommes au secours, avec un capitan-pacha. La fureur des soldats turcs se déchaîna sur l'île infortunée. Quoiqu'ils fussent restés étrangers à l'entreprise des Samiens, les Chiotes payèrent pour eux; la population fut exterminée : des pyramides de têtes, des guirlandes d'oreilles furent les horribles trophées de ce massacre épouvantable. Aux fureurs sauvages de l'assaut succédèrent les exécutions méthodiques; Kara-Ali présidait lui-même sur sa frégate aux supplices. Neuf mille hommes furent tués, douze mille saisis pour être vendus comme esclaves. La tempête sanglante qui dévorait Chio parut alors s'apaiser : la plupart des fugitifs échappés au massacre regagnèrent leurs foyers, sur la foi de l'amnistie proclamée. Ce fut le signal d'un nouveau déchaînement : le meurtre et l'incendie s'abattirent sur les campagnes. Après deux horribles semaines, on compta les morts : ils étaient vingt mille; les esclaves, quarante mille. Ce chiffre n'est qu'approximatif; mais Chio avant le massacre comptait quatre-vingt-dix mille habitants; en juillet 1822, il s'en trouvait neuf cents. Ceux qui avaient pu sauver leur vie s'étaient réfugiés dans Syra.

Du moins le barbare ordonnateur de cet exploit sinistre, Kara-Ali, trouva son châtiment dans l'excès même des maux qu'il avait déchaînés. Le 18 juin, comme il dînait à bord avec ses officiers, deux barques grecques, montées par trente-quatre hommes et conduites par un héros, *Constantin Canaris*, parvinrent à se glisser dans la nuit sous le vaisseau amiral. Canaris y accrocha un brûlot enflammé et s'enfuit. Le feu poussé par la brise enveloppa aussitôt le pacha et ses hôtes. On se jette à la mer ; Kara-Ali gagne un canot et se croit sauvé. Mais les autres vaisseaux de sa flotte ont pris feu à leur tour : un mât s'effondre et lui brise les reins ; le canot est englouti. Recucilli par les siens, Kara-Ali fut déposé comme une épave sur le bord ; bientôt il expirait en d'atroces souffrances, pendant que le vaisseau amiral sautait sous ses yeux.

Chio ne tarda pas à se relever de ses ruines ; elle comptait quatre-vingt mille habitants, lorsqu'une nouvelle catastrophe vint encore fondre sur elle. Le 3 avril 1881, un tremblement de terre secoua l'île sur ses bases. Le 11 novembre, nouvelle secousse ; la ville de Chio fut anéantie, dix-huit mille malheureux ensevelis sous les décombres. Un aviso français, le *Bouvet*, se trouvait en rade ; les marins firent des prodiges pour sauver les blessés. Des vaisseaux amis accoururent de toutes parts ; il y eut entre les sauveteurs une admirable émulation de courage. La charité vint à leur aide. Partout s'ouvrirent des souscriptions en faveur des victimes, et Paris cette fois encore donna l'exemple de la charité.

Ces terribles événements, qui, à deux reprises, ont fait en un siècle le désert dans Chio, ne sont plus maintenant qu'un souvenir. La terre, féconde nourricière, en fait tous les jours disparaître les dernières traces ; bientôt Chio aura retrouvé son antique prospérité. Ses marchands iront comme autrefois porter à Constantinople, Smyrne, Alexandrie et Marseille les étoffes brochées d'or, les cuivres travaillés, la soie, les fruits et l'eau-de-vie de marc qui ont fait sa réputation et sa richesse.

A TRAVERS LES ILES

L faut être habile pilote pour naviguer au milieu du labyrinthe d'îles dont Chio est la reine. Voici Samos, Nikaria, Patmos, Kalymnos, Kos et bien d'autres; c'est comme une poussière d'îles semées au milieu des flots.

Samos n'est séparée de la côte d'Asie que par un détroit de 2 kilomètres : elle dresse en face du mont Mycale ses rives escarpées. Les hauteurs, autrefois couronnées de magnifiques forêts, sont maintenant balayées par les vents violents du nord; ses plaines mal arrosées recèlent la fièvre dans leurs eaux croupissantes. La nature est encore belle, le sol fécond, les montagnes pleines de trésors. Mais, ici encore, l'homme fait défaut à la nature; il la gâte ou ne sait pas s'en servir. Autrefois, Samos était reine et avait des sujets dans les Cyclades, en Crète, en Sicile et en Italie; elle nourrissait des sculpteurs, des architectes, des musiciens et des poètes. Pythagore était de Samos. Aujourd'hui la florissante cité n'a gardé de son antique domination qu'une demi-indépendance. Depuis 1821, elle obéit à un gouverneur nommé par la Porte, mais choisi parmi les Grecs; elle a un Sénat, une Chambre des députés, une administration séparée. Moyennant un tribut de 400 000 piastres, elle jouit de cette demi-liberté.

Kos n'est plus, à l'exemple de Samos, qu'un souvenir. Elle nourrissait autrefois des plantes médicinales renommées. Kos est la patrie d'Hippocrate. C'est ici, dans le temple consacré à Esculape, qu'il consulta, pour rédiger ses aphorismes, les fameuses tables d'airain où, depuis des siècles, on enregistrait avec soin les noms des maladies et des remèdes. Le temps a tout effacé : l'antique paradis des médecins n'est plus. O Molière! pourquoi ton ombre ne vient-elle pas ici?

Rhodes ferme le lac d'îles dont Chio est la porte verdoyante. C'est une terre sillonnée de montagnes partagées en trois groupes, du milieu desquels émerge la masse imposante du Tayros. La capitale dresse, sur la pointe septentrionale de l'île, à 12 kilomètres de la côte d'Asie, ses fortifications puissantes. De là, comme d'une aire inaccessible, les chevaliers de Saint-Jean de Jérusalem faisaient le guet contre l'islamisme. Grâce à eux, Rhodes fut, pendant trois siècles, le boulevard de la chrétienté. La glorieuse cité se survit à peine. Son port se comble, ses tours se disloquent; ses murailles, noircies au feu de cent combats, sont mutilées et s'abaissent vers le sol. Leur aspect pourtant ne laisse pas d'imposer encore. L'entrée du port ne manque pas de grandeur. Mais tout cela est vide. L'île a subi le sort de la cité; faute de bras, la vingtième partie seulement est cultivée. Cependant le climat est toujours aussi délicieux, le ciel aussi pur, l'air aussi doux que du temps où les chevaliers, et avant eux les Grecs, avaient fait de Rhodes une terre de prédilection. Pline raconte des choses merveilleuses sur son antique prospérité. S'il faut l'en croire, les Rhodiens auraient fait élever comme un phare, à l'entrée du port, un géant de 70 coudées (à peu près 35 mètres). Charès de Lindos mit douze ans à le faire; il coûta près d'un million et demi. A peine debout, le colosse fut renversé par un tremblement de terre; il n'avait vécu que cinquante-six ans. La légende prétend que, sous ses jambes écartées de chaque côté du port, il voyait passer les plus grands navires; mais ce n'est qu'une légende. Il dressait

sa haute taille sur le rivage. Pendant neuf siècles, ses débris restèrent gisants sur le sol. Un jour le calife Moaviah s'en souvint et
vendit le bronze à un Juif, qui en trouva la charge de neuf cents
chameaux. Le poids total du géant aurait atteint d'après cela plus
de 200 000 kilogrammes.

Rhodes comptait avec son colosse de nombreux monuments :
trois mille statues peuplaient ses places et ses temples. Zeuxis et
Apelle avaient décoré les théâtres et les portiques. Partout s'étalaient de prodigieuses richesses artistiques. L'antique cité grecque
a totalement disparu ; elle attend dans la nuit du passé la cité
des chevaliers : un tremblement de terre, une guerre, Rhodes
achèvera de disparaître.

De Rhodes en Égypte, la mer est ouverte. A gauche, dans
l'horizon lointain, *Chypre* se cache comme une sentinelle avancée
vers l'Orient. Dans le cirque profond que forment l'Asie Mineure
et la Syrie, Chypre surveille la double route des Indes : celle qui,
du golfe d'Alexandrette, rejoint le golfe Persique par la vallée de
l'Euphrate ; l'autre qui, par le canal de Suez et la mer Rouge, aboutit
comme la première à Bombay. Chypre est un point stratégique de
premier ordre ; aussi n'est-il point étonnant que les Anglais l'aient
occupé. Sir Garnet Wolseley y débarquait avec des troupes
en 1878 et complétait ainsi la ligne d'étapes que l'Angleterre a
établie sur la route des Indes, Gibraltar, Malte et l'Égypte. La
Turquie, sans être démembrée, a perdu la meilleure partie d'elle-
même. L'Angleterre n'a pas attendu que l'héritage fût ouvert et
proteste, en attendant, contre toute atteinte portée à l'intégrité de
l'empire ottoman.

Ce n'est point la première fois que Chypre voit les Anglais.
Richard Cœur de Lion y eut jadis une aventure mémorable. Il
prit l'île et la céda pour 7 millions aux Templiers, qui la reven-

18

dirent à un gentilhomme poitevin, Guy de Lusignan. La domination française dura trois siècles; puis les Turcs s'établirent dans l'île en 1571. La mollesse proverbiale des Cypriotes s'accommoda parfaitement de ces nouveaux maîtres; elle vient de faire le même accueil aux troupes de sir Wolseley. La fertilité de Chypre est proverbiale; les produits des climats tempérés s'y mêlent à ceux de l'Orient. Cela n'est point pour déplaire aux Anglais.

La brise chaude qui souffle du large, à la hauteur de Chypre, annonce déjà l'approche de l'Afrique. Les rayons du soleil couchant brillent comme ceux du plein midi, et la toile qui flotte au-dessus de nos têtes a de la peine à les défendre. Cette soirée à bord fut délicieuse; ceux que leur estomac rebelle au balancement des vagues avait soumis à de rudes épreuves commencent à s'affermir, en voyant approcher la fin de leurs maux. La mer est si calme d'ailleurs, le flot si limpide et si bleu, l'air si transparent! Comment ne pas se laisser prendre au charme? Presque tous les passagers ont abandonné la fournaise de leurs cabines, le pont est plus animé que jamais. Après un gai repas, les chants éclatent; une charmante élève de Sapho les accompagne; elle égraine dans l'air tranquille les sons légers de sa guitare. Tous les émigrants sont debout et regardent vers l'Afrique. Ce n'est pas encore la terre promise, mais le parvis qui la précède. Aussi comme les visages sont épanouis! comme les yeux s'allument! Cependant le violon fait rage et lutte avec la flûte. Il n'est pas jusqu'à nos Turcs eux-mêmes dont la placidité ne s'émeuve; ils se remuent sur leurs matelas, vont et viennent, fument des cigarettes; les contes sont finis.

A l'aube, nous touchions le port d'Alexandrie. Devant nous, la

côte d'Afrique s'étend monotone et dénudée : à grand'peine l'œil
ébloui découvre çà et là quelque palmier isolé ou quelque bloc
d'une blancheur éclatante qui décèle la présence de l'homme. On
dirait que le désert est aux portes de cette ville, autrefois la métropole du monde.

Nous voici dans le port : la passe est, paraît-il, difficile à franchir; aussi n'est-ce pas sans une joie bruyante que nous voyons
notre sol mobile se fixer sur ses ancres. Déjà des barques innombrables se sont accrochées aux flancs du navire : de toutes parts,
à l'avant, à l'arrière, du haut des mâts, de dessous les cabines, des
hommes étranges, comme de grands diables noirs, se précipitent
à l'assaut des voyageurs et des bagages. Leur figure bronzée, la
longue chemise de toile blanche qui flotte autour de leurs jambes
sans fin, leurs appels désordonnés, leur agitation causent sur le
pont un tohu-bohu général; on court, on crie, on se bouscule. Il faut
défendre ses bagages : les nôtres sont en tas, et chaque noir qui
s'avance pour les saisir reçoit sur les ongles. C'est l'unique moyen
de les conserver. Enfin, le premier trouble passé, nous distinguons
dans la foule un personnage qui paraît, à sa baguette de comman-
dement, être quelqu'un d'importance. Nous nous remettons à lui
corps et biens. Aussitôt ses noirs enlèvent nos bagages, et nous
sautons après eux dans la barque qui les attend. Quelques coups
de rames, et nous sommes à quai.

La douane est le premier monument que l'on rencontre partout en Orient. L'employé qui présidait à l'examen de nos valises
engagea d'un air accueillant la conversation avec nous : personne
n'est pressé dans ce pays. Ses mains pourtant comme sa langue
allaient leur train, et tout en s'informant du but de notre voyage,
en parlant des Français qu'il connaissait et avait vus peu de temps
auparavant, il examinait, sans avoir l'air d'y toucher, les quelques

souvenirs recueillis par nous sur la route, à Smyrne et à Constantinople. Tout à coup : « C'est 12 fr. 50, messieurs, » dit-il pour terminer. Cette conclusion nous causa quelque surprise. Il avait l'air si brave homme ! Au moins autant que notre Turc de Smyrne. Allez donc, après cela, vous fier aux airs bon enfant de ces coquins de douaniers !

V

D'ALEXANDRIE AU CAIRE

LEXANDRIE est une ville européenne à la porte de l'Égypte. Depuis que les boulets anglais ont achevé la ruine de la cité des Ptolémées, il n'y a plus à glaner ici que des souvenirs. Les rues s'alignent au cordeau entre deux rangs de maisons à six étages; les magasins, les usages, les costumes sont ceux d'Europe. A peine si, de temps à autre, un palmier isolé ou quelque moricaud en robe blanche rappellent que nous sommes en Orient. Aussi le mieux est-il pour un curieux de passer directement du port à la gare, sans défaire ses valises, et de partir pour le Caire.

Le train qui nous emporte n'a rien d'oriental; mais quel pays merveilleux! C'est l'Orient, mais l'Orient du Nil avec ses toits bâtis à la hâte, de la boue du fleuve durcie au feu du soleil. Les palmiers qui portent hardiment dans les airs leur panache de feuillage, les sycomores aux branches noueuses et touffues, les acacias géants, les tamarins font à certaines masures un royal manteau dont plus d'un riche parmi nous voudrait abriter sa demeure. La poussière aveuglante que le train soulève avec rage ne peut nous empêcher d'admirer. A la première station, de petites fellahs, portant gracieusement, sur leur tête bronzée, des cruches de grès, offrent aux voyageurs une eau rafraîchissante. Nous y ajoutons quelques figues exquises, des raisins aux grains d'or. Après ce festin à l'orientale, nos gosiers desséchés peuvent défier les nuages de poussière.

Le train a repris sa course folle : il file à toute vapeur le long d'un grand canal et semble narguer les lourds chameaux qui se rendent à pas comptés vers la ville prochaine. De temps en temps quelqu'un d'entre eux se fâche en poussant vers nous un cri rauque, aussi disgracieux que sa figure. La chaussée sur laquelle ils défilent suit l'ancienne berge du canal : c'est une route naturelle faite de limon du Nil, battu sous les pieds des passants. Rien de curieux comme les gens qui s'y pressent : les uns à cheval, au pas de leur monture; d'autres assis d'une façon ridicule sur de pauvres petits ânes qui galopent entre leurs jambes basanées et traînantes. Des piétons suivent, chargés de denrées qu'ils vont vendre au marché, mais presque aussi légèrement vêtus que leurs compagnons de route à quatre pattes. Une chemise, dont le tissu calculé avec parcimonie flotte sans contrainte au gré du vent, compose tout leur costume. Un canal peu profond, une flaque d'eau guéable barrent-ils la route : on enlève sa chemise; on la met sur sa tête et, le gué passé, on la reprend. C'est aussi simple que cela.

Toute la campagne est sillonnée de canaux qui distribuent au loin le limon bienfaisant du Nil. Nous sommes à l'époque (fin de septembre) où la crue du fleuve commence à décroître. Le bas Delta est encore sous les eaux; mais, à mesure que l'on remonte la vallée, de vastes espaces étalent à l'œil réjoui leur tapis d'un vert tendre. Le froment pousse avec vigueur; car la terre grasse et fraîche, fécondée par des rayons

Femmes allant au marché.

ardents, rend toute semence avec usure. Entre deux inondations, le même champ peut donner jusqu'à trois moissons. A peine semés, déjà les cotons sont en fleur : on dirait des champs d'églantines. Tout pousse à l'envi, tout se remue dans cette merveilleuse et riche nature : hommes et bêtes semblent, comme les plantes, impatients de vivre. Au loin, de longs troupeaux de bœufs s'ébattent dans l'eau rafraîchissante : des cornes formidables, une robe noire, le nez semblable à celui de l'hippopotame donnent à ces animaux un aspect étrange. Quelques-uns tirent la charrue : ce sont les meilleurs auxiliaires du Nil, la plus précieuse richesse du fellah. Quoi d'étonnant que les anciens Égyptiens aient confondu dans une même adoration les trois principes fécondants de la terre, le bœuf, le Nil et le soleil?

Rives du Nil.

Enfin, voici le grand fleuve! Il s'avance avec une majesté souveraine. C'est le *Nil*, qui a tiré du néant et conquis sur le désert et la mer la plaine fertile qu'il féconde aujourd'hui. Jadis la Méditerranée roulait ses flots où ondulent à présent les moissons. Le lit du fleuve s'arrêtait près de Memphis, et la plus haute des Pyramides, qui se profile à l'horizon comme une borne colossale, marque encore la dune de sable au pied de laquelle la vague venait mourir. Peu à peu, le Nil, répandant par-dessus ses rives et poussant jusqu'à la mer le limon qu'il charrie en abondance, élargit son domaine et recula le rivage; les bas-fonds de la côte s'élevèrent, et le golfe, comblé peu à peu par le travail des siècles, devint une plaine marécageuse semée d'étangs à travers lesquels le Nil se fraye lentement passage.

Les chemins qu'il s'est ouverts ont varié avec l'apport incessant des alluvions. Cependant on distinguait autrefois trois embouchures principales : la *Pélusiaque*, au nord-est, vers la Syrie; la *Canopique*, au nord-ouest, vers le désert Libyque; la *Sébennytique*, ouverte dans le prolongement de la vallée. Mais entre ces bras du fleuve se développaient les mailles compliquées de lits et de canaux artificiels, dont plusieurs tombaient directement dans la mer, ce qui fit compter jusqu'à sept et même quatorze bouches du Nil. Aujourd'hui elles se réduisent à deux : celle de *Damiette*, à droite; celle de *Rosette*, à gauche. Quelques canaux secondaires atteignent seuls les terres marécageuses que forme la plage entre ces deux pointes. Quoique le Nil abandonne le plus gros de ses alluvions dans son cours supérieur et n'arrive à la mer que déjà considérablement appauvri, son domaine gagne encore environ un mètre par an sur tout le front du Delta.

Le prodigieux travail du Nil est dû à la crue qui l'entraîne chaque année. Peut-être n'y a-t-il pas, dans toute la nature, un spectacle plus extraordinaire. Lorsque les nuées tropicales se sont abattues sur les hauts massifs de l'Afrique orientale, les immenses réservoirs que recèlent ces hauteurs se gonflent et s'épanchent vers la mer par le Nil. Comme un torrent impétueux, le fleuve bondit de l'un à l'autre bassin; puis, arrivé à la région des plaines, il ramasse et entraîne les eaux qu'il laissait croupir depuis la crue précédente sur ses bords. Ces eaux marécageuses changent la couleur du fleuve : il devient vert et cause de vives souffrances aux imprudents ou aux malheureux qui viennent y étancher leur soif.

Le *Nil vert*, heureusement, ne dure que deux ou trois jours; puis, il devient rouge, mais d'un rouge sanglant; car, au débouché des montagnes d'Abyssinie, un nouveau fleuve est venu le grossir (le Bahr-el-Azrek), entraînant avec lui des grès et des graviers fortement colorés. C'est du moins ainsi que l'on explique le *Nil rouge*. Ce phénomène n'est visible que dans la haute Égypte. Lorsque le fleuve arrive au Caire, il a repris la teinte jaunâtre et limoneuse qu'il ne doit plus quitter jusqu'à la fin de la crue, sans que pour cela ses eaux laissent d'être bonnes et rafraîchissantes.

La crue du Nil est, pour l'Égypte, une condition de vie ou de mort. Si elle atteint 14 mètres au-dessus de l'étiage, l'année sera fertile; à 6 mètres, il y a disette, car alors l'eau n'est plus en quantité suffisante pour couvrir les plaines qu'elle doit fertiliser. La crue commence en juin et finit en septembre. Lorsque le nilomètre du Caire a signalé son maximum d'élévation, les écluses sont ouvertes, les canaux envahis. C'est une fête universelle : hommes et bêtes gambadent dans les eaux bondissantes; les oiseaux volent au-dessus avec des cris de joie, le sable s'anime de millions d'insectes. Tout un monde endormi se réveille sous cette ondée bienfaisante.

Aussitôt que le Nil a fécondé la terre, on sème, et la moisson suit de près; deux mois à peine après avoir été ensemencés, les champs de maïs inclinent leurs fruits dorés au soleil. La crue du Nil règle les saisons. Il y en a trois : celle des semailles qui correspond à peu près à nos mois de novembre, décembre, janvier et février; celle des récoltes, entre mars et juillet; enfin le temps de l'inondation, pendant les mois de juillet, août, septembre et octobre. Aussitôt la crue terminée, le Nil reprend la teinte bleu clair qui est la couleur ordinaire de ses eaux.

Nous écoutions, les yeux fixés sur la nappe argentée du grand fleuve, pendant qu'un Égyptien, aimable compagnon de route, nous contait ces détails. Quelques barques se laissaient doucement aller au courant, et la longue vergue fixée en travers de

Entrée d'un village.

leur mât dressait sa pointe vers le ciel d'un azur sans tache. Le train filait, nous emportant avec fureur au milieu de cette grandiose et tranquille nature; bientôt il quitta la berge et courut au travers d'un filet de canaux. Nos yeux cherchaient en vain les plantes aimées des Égyptiens d'autrefois : le *papyrus*, dont ils faisaient un parchemin solide et mangeaient la moelle; le *lotus*, dont la fleur gracieuse, chère aux artistes, a été choisie par le dieu du matin, Horus, pour faire son entrée dans le monde. L'Égypte produit trois variétés de lotus, reconnaissables à leurs fleurs bleues, blanches et roses; les deux premières variétés recouvrent encore les eaux paresseuses du bas Delta; l'autre est une sorte de nénuphar rose, dont la fleur devenue rare est semblable par la forme au gâteau de cire des abeilles : chaque alvéole renferme une graine que les Arabes appelaient fève d'Égypte et qu'ils mangeaient avec délices, après l'avoir fait cuire au four. Les canaux desséchés, les étangs et les mares que laisse après elle l'inondation sont littéralement encombrés de plantes aquatiques, mais elles fuient le courant du fleuve ou les bras qui en dérivent de trop près. Le papyrus ne se trouve plus guère que dans la haute Égypte. Avec lui ont fui vers ces parages les crocodiles et les hippopotames qui infestaient autrefois les eaux du fleuve. Il faudrait, pour voir un crocodile au Caire, aller le chercher dans un aquarium. C'est égal : le Nil sans crocodiles, j'ai de la peine encore à me figurer cela.

VI

LE NOUVEAU CAIRE

~~~

L'ARRIVÉE

E Caire! ville des califes, terre des Pharaons! Nous sautons gaiement sur le quai, noirs de poussière, mais rêvant de l'Orient. Amère déception! Le tumulte et le fracas de la vie occidentale nous poursuivent encore : devant la gare, le banal attirail des chemins de fer emplit la place ; il faut prendre un omnibus, gagner un hôtel à travers des rues correctement alignées, entre deux rangs de hautes maisons. Est-ce possible? Des magasins, un omnibus, une gare, la symétrie et la laideur uniforme de nos villes européennes, à deux pas du Nil, en vue des Pyramides!

De l'hôtel, je ne dis rien. C'est après tout un caravansérail,
~~~

institution essentiellement orientale, et l'imagination, sans trop d'effort, peut y trouver son compte. Au lieu d'un concierge maus-

Domestique au Caire.

sade ou d'un valet tiré à quatre épingles, vous trouvez ici des gens empressés et respectueux : des serviteurs au teint bronzé, la tête coiffée du turban, la longue robe flottante, conduisent le voyageur et portent ses bagages. Pas de bruit dans les longs et frais corridors; chacun circule gravement. Au jardin, parmi les fleurs, la table se dresse pour le repas du soir : car ici l'on dîne à neuf heures, dans la fraî-cheur de la brise, sous le ciel étoilé. Ce doit être délicieux.

LA RUE

A peine arrivés, nous étions dans la rue : enfin voici de la cou-leur. Le tarbouch écarlate, le turban rayé, le chapeau euro-péen, le casque blanc des soldats et des touristes s'y mêlent dans un désordre pittoresque. Un loqueteux superbe, juché sur la bosse de son chameau, s'en va dodelinant de la tête et du corps, au pas cadencé de sa lourde monture. A côté trottine un âne minuscule, aux jambes d'acier; la tête est fière : il comprend son rôle. Car l'âne est roi dans les rues du Caire : il a conservé, sous le ciel privilégié de l'Afrique, les qualités natives de sa race. Rien ne le rebute. Voyez-le chargé d'un énorme personnage, dont la graisse débordante fait plier ses reins flexibles : il l'em-porte comme une plume avec son parasol, ses lunettes vertes et sa majesté ridicule. Plus loin, c'est un soldat anglais, dont la maigre silhouette pliée en quatre saute et rebondit sous le trot de sa joviale monture. Ils vont ainsi, les ânes du Caire, sans relâche et sans fatigue. Leur maître qui n'est qu'un enfant les suit partout, comme eux infatigable. Nous en avons vu courir 5 kilomètres sous un soleil de feu, et pas une goutte de sueur ne perlait sur leur visage. Les âniers sont de fer comme leurs bêtes. Ils se tiennent à chaque carrefour, attendant les voyageurs.

Rien n'est amusant comme la façon dont ils modifient leur allure et leur langage pour gagner un client. Au premier coup d'œil, ils

Ânier.

distinguent un Français d'un Anglais et d'un Allemand. Alors ce sont des mots étonnants, un pathos incroyable : ils vantent leur âne et déploient, pour fixer le choix du voyageur, une persévérance et une habileté à faire envie aux meilleurs diplomates. Les concurrents sont d'ailleurs fort nombreux : on crie, on se pousse, on se bat, quelquefois sur le dos du voyageur, qui, bousculé, abasourdi, se tire à grand'peine de la cohue. S'il prend un âne, les autres ne se tiennent pas pour battus : ils courent après. N'avons-nous pas rencontré un ânier qui, après nous avoir poursuivis, malgré les invectives et les coups de canne, s'arrêta au bout d'une demi-heure, en demandant un bacchisch

Soldat anglais.

« pour nous avoir accompagnés »! Quand je vous disais que les âniers ont pour le moins autant de toupet que leurs ânes!

Puisque nous sommes au Caire, prenons un âne et visitons la ville..

Le Caire a un double aspect : la ville des califes dort à l'abri de la citadelle. En face, dans la plaine, une cité rivale a surgi, ville tout européenne, dont les palais et les jardins s'étendent jusqu'au Nil. Le nouveau Caire est une création du khédive Ismaïl, petit-fils de l'illustre Mohammed (Méhémet)-Ali, fondateur de la dynastie régnante. Méhémet-Ali était un homme d'État de premier ordre : sa volonté ne connaissait pas d'obstacle. Résolu à refaire une Égypte nouvelle, il emprunta ses moyens d'action à l'Europe, surtout aux Français, pour lesquels il avait une estime singulière. De Cerisy et Linant de Bellefonds devinrent ses ingénieurs ordinaires. Paris fut la grande école où les Égyptiens vinrent s'initier aux secrets de la science. Ainsi, par un ironique retour des choses, la vieille Égypte, mère de toutes les civilisations, venait redemander à l'Occident une parcelle de cette lumière qui avait fait sa grandeur. Sous la forte impulsion du khédive, l'Égypte se transforma : les canaux furent améliorés et multipliés ; le Delta, qui n'était qu'un marais, devint une terre sans égale. Aux produits de l'agriculture Méhémet-Ali joignit ceux du trafic et de l'industrie : Alexandrie devint le point d'attache des relations de l'Égypte avec l'Europe : le port sortit de ses décombres ; le canal Mahmoudiyéh le souda au Nil. Désormais la mer Rouge et la Méditerranée, l'Orient et l'Occident se tendaient la main à travers l'Égypte. Les grands travaux et les soucis de la politique ne permirent pas à Méhémet-Ali d'exécuter la dixième partie de ses projets. Son œuvre de restauration fut complétée par Saïd-Pacha et surtout par le khédive Ismaïl.

LE QUARTIER ISMAÏLIA

A un État nouveau, il fallait une capitale rajeunie. Le vieux Caire fut réduit : on jeta plusieurs quartiers à bas. Le khédive avait imaginé de concéder le terrain gratuitement à quiconque s'engageait à construire une maison d'au moins 30 000 francs, en l'espace d'un an et demi. Aussitôt, comme sous une impulsion magique, s'élevèrent de toutes parts des maisons superbes, des hôtels, des palais. La place de l'*Ezbikiyéh*, autrefois marais puant et amas de détritus sordides, est à présent le rendez-vous préféré de la vie européenne. Tout s'y trouve à la fois, la Bourse, le théâtre, les consulats, les magasins aux riches étalages. Un square né d'hier et dû à la main d'un jardinier parisien égaye de sa verdure le milieu de la place. Il fait bon, après la grande chaleur du jour, s'égarer dans les vallées ombreuses, sous les grottes fraîches, au murmure des eaux. Les promeneurs sont nombreux : soldats égyptiens et *cavas* au brillant uniforme, enfants arabes et européens avec leurs bonnes noircies au soleil d'Afrique, fellahs et femmes voilées, Coptes et Levantins; tous les mondes se coudoient ici. Le soir venu, la musique éclate sous les grands arbres et le jardin s'illumine : tout le Caire européen s'y donne rendez-vous.

Au large de l'Ezbikiyéh, jusqu'à la rive droite du Nil, s'étend un quartier plus tranquille, qui a pris, de son créateur, le nom de quartier *Ismaïlia*. C'est un parc aux larges et magnifiques avenues pleines d'air et de fraîcheur. Sous les massifs de palmiers, de sycomores et de bananiers se cachent comme en de mystérieuses retraites les maisons opulentes de l'aristocratie, palais rehaussés d'or ou kiosques élégants, dont un clair rayon de soleil trahit çà et là au travers des branches les fines découpures et les brillantes couleurs. Cet admirable parc est une œuvre d'inspiration française : il est facile d'y reconnaître les boulevards et les jardins dont Paris est si fier, mais des boulevards et des jardins transportés dans une terre exubérante, sous l'éclatante lumière de l'Orient. Le parc se termine au pont du Nil (*Kasr-el-Nil*), encore une œuvre française. La foule bigarrée qui se presse à cette porte du Caire en fait un théâtre mouvant aux mille couleurs, qui n'a de comparable que le pont de Stamboul, avec peut-être un pittoresque de moins, c'est que le pont du Nil se tient solidement appuyé sur ses armures de fer au lieu d'ouvrir sous les pieds du passant des planches branlantes et vermoulues.

LES ALLÉES DE SCHOUBRA

Au débouché du pont, sur la rive gauche du fleuve, trois larges allées s'ouvrent en éventail et s'enfoncent dans la campagne entre une double rangée d'acacias. Ces arbres ont à peine un quart de siècle, et ils défient nos chênes de Fontainebleau : leurs branches noueuses s'élancent hardiment et enlacent bien haut le léger treillis de leurs feuilles. L'ombre qu'ils donnent n'est point épaisse comme celle de nos marronniers : elle est transpa-

PLAINE DU NIL.

rente et adoucit, sans l'éteindre, la lumière qui circule à plaisir sous cette ramure aérienne. L'une des allées conduit au palais de *Schoubra* construit par Méhémet-Ali ; c'est une promenade délicieuse. Vers six heures, on y rencontre le monde riche et élégant : des cavaliers de belle allure, des pachas ou de hauts fonctionnaires confortablement étendus en landau. Les équipages sont riches et brillants, les cochers corrects. Mais où sont les costumes pittoresques d'autrefois, les armes étincelantes à la ceinture des émirs, les turbans garnis de pierreries, les soies flottantes brochées d'or ? L'uniforme a remplacé la fantaisie ; l'affreux tarbouch et la redingote noire règnent en maîtres sous les allées de Schoubra. Le Caire a, comme nous, son allée des Acacias : la nôtre, auprès, fait pitié ; mais elle s'est vengée en infligeant à sa jeune sœur le convenu, la raideur et l'ennui. A peine si de temps en temps un riche coupé fermé avec soin révèle que nous sommes en Orient : derrière les stores baissés, les femmes de quelque harem aristocratique jettent des regards curieux sur les promeneurs ; parfois, dans un tout petit coin, brille la flamme d'un œil noir. Mais il faut être discret : des eunuques galopent à la portière, et l'Orient n'a pas changé de mœurs comme de costumes ; la moindre inconséquence peut coûter cher.

La nature seule ici n'a point pris de masque. Il est doux de revenir, à la tombée du jour, sous la voûte triomphale des allées de Schoubra. A gauche, le Nil roule ses eaux fécondes sous l'ombre des palmiers qui penchent audacieusement au-dessus du courant leur luxuriante chevelure. De nombreux *dahabiéhs* (bateaux), amarrés à la rive, mêlent leurs mâts élevés aux branches des arbres : le fleuve paraît peuplé d'une forêt. Déjà les ombres s'allongent : à l'horizon, derrière la chaîne Libyque qui profile ses dunes d'un violet profond sur le ciel embrasé, le soleil se couche

Coucher de soleil, sur le Nil.

dans un lit de pourpre et d'or. Sur ce décor éclatant, les Pyramides
découpent leur sombre masse. La magnificence de ce spectacle
a de quoi confondre. Il défie toutes les descriptions, se moque
des palettes les plus riches et des pinceaux les plus alertes. Comment saisir les mille couleurs qui, depuis le feu éblouissant jusqu'aux nuances fugitives perdues dans l'espace, prennent à chaque
instant un nouvel aspect, se fondent et se transforment à l'infini?
Rien au monde n'est plus beau qu'un coucher de soleil au Caire.

LE NILOMÉTRE

Le chemin qui mène au Caire en quittant les allées de Schoubra
passe nécessairement par le Kasr-el-Nil. Un peu au-dessus du pont,

le fleuve se divise en deux bras qui enveloppent l'île de Rôda. Là, au milieu d'un jardin de palmiers, d'eucalyptus et d'amandiers, se trouve l'édifice modeste dans lequel les Arabes, cinquante ans après la conquête, établirent le fameux *Nilomètre* qu'ils avaient, croit-on, enlevé à Memphis. Le Nilomètre est une colonne octogonale graduée de façon à indiquer par degrés la crue du Nil. Sa tête est scellée dans une poutre de traverse; le pied baigne dans un bassin en communication avec le fleuve. De tout temps le Nilomètre a joué un rôle de premier ordre dans la vie du peuple égyptien : à l'époque des Pharaons, comme de nos jours, il servait à fixer la quotité de l'impôt, la fertilité de la terre se mesurant à la hauteur de la crue. C'était de plus un moyen commode, pour les prêtres, de prédire à coup sûr l'abondance ou la stérilité. Aussi le peuple était-il soigneusement tenu à l'écart de cet arbitre mystérieux. Lorsque la crue avait atteint son plus haut point, c'està-dire au moment où les eaux étaient capables de couvrir par l'inondation les terres les plus élevées, l'heureuse nouvelle était annoncée à la multitude impatiente. Alors les digues étaient ouvertes au milieu de l'allégresse générale. S'il faut croire une légende, on offrait au Nil comme à un dieu, pour se le rendre favorable, une jeune fille choisie parmi les plus belles et parée de fleurs comme une fiancée. Les rites accomplis et au moment où le Nil se précipitait à gros bouillons par la première digue ouverte, la triste victime était jetée dans les flots aux acclamations du peuple. Les poètes, cette fois encore, ont dû embellir l'histoire : leur imagination a transformé en une belle jeune fille la statuette de cire ou l'amulette quelconque jetée de tout temps par la superstition dans les eaux du fleuve, au moment où elles bondissent dans la campagne. La fête n'a guère changé : la joie universelle se manifeste aujourd'hui comme autrefois, et le Nilomètre règle toujours la vie du peuple égyptien. Il est à présent sous la garde de la police et confié à la vigilance d'un scheik assermenté. Les Français qui suivirent Bonaparte en Égypte remarquèrent que le zéro du Nilomètre était sensiblement au-dessous du zéro véritable. L'Arabe malin avait choisi ce moyen d'élever le niveau de la crue et ses revenus avec elle.

L'ILE DE RÔDA

'ILE *de Rôda* n'est pas moins vénérable que le Nilomètre. Un pont la reliait autrefois à la rive droite et elle a vu, sur ce bord, le berceau de la ville actuelle. C'est là en effet que s'élevait l'enceinte fortifiée, du haut de laquelle les Romains et plus tard les Grecs de Byzance maintinrent pendant de longs siècles leur domination sur la vallée du Nil : cette enceinte fortifiée s'appelait la Babylone d'Égypte.

Un jour, c'était en 623, le lieutenant du calife Omar, l'illustre Amr, vint mettre le siège devant la place. Il la prit par surprise, grâce au dévouement de l'un des siens, car les actes éclatants de courage n'étaient pas rares à cette époque parmi les Arabes. Les assiégés se réfugièrent alors dans l'île de Rôda, après avoir brisé le pont. En attendant qu'ils se rendissent, Amr obtint la soumission du Delta et prit Alexandrie : la complicité des Coptes lui valut cette rapide conquête. Les Coptes, en effet, étaient chrétiens depuis les premiers jours du christianisme. Nulle part, la nouvelle doctrine n'avait fait plus de prosélytes qu'en Égypte. Mais les Grecs d'Alexandrie, grands amateurs de discussions et grands

éplucheurs de syllabus, se livrèrent bientôt à toutes les fureurs
d'un dogmatisme sans frein. Tout le pays fut divisé avec eux, les
uns tenant pour un dogme, les autres pour le contraire : ceux-ci
affirmant qu'il y avait dans le Christ une double nature, divine
et humaine; ceux-là confondant la nature et la personne et n'ad-
mettant qu'une seule nature divine. On appelait ces derniers
« monophysites » et les Coptes l'étaient tous.

Lorsque la discussion eut été tranchée dogmatiquement par
un concile, les Coptes refusèrent d'abandonner leur sentiment.
Pour vaincre leur obstination, les Césars de Byzance multipliè-
rent les exactions et les poursuites : les Coptes accueillirent les
Arabes comme des libérateurs. Cette défection perdit la cause
des Grecs. Bientôt leur dernier poste fut réduit et Makaukas, qui
commandait dans l'île de Rôda, se rendit avec la garnison. Les
prisonniers furent bien traités ; beaucoup d'entre eux, et surtout
des Coptes, frappés de l'austérité et de la piété des soldats d'Amr,
embrassèrent l'islamisme. Jamais conquête n'avait été plus facile
ni plus complète.

Cependant le conquérant de l'Égypte hésitait à fixer sa résidence loin de la côte, à l'intérieur du pays : il songeait à faire
d'Alexandrie sa capitale. Mais l'esprit brouillon des Grecs, les
souvenirs d'un passé brillant lui parurent trop capables de com-
promettre sa domination. Lorsqu'il avait quitté les bords du Nil
pour aller soumettre le bas pays, sa tente était restée debout en
face de l'île de Rôda. Bientôt, un couple de colombes y vint chercher abri pour ses amours et s'établit au sommet. « A Dieu ne
plaise, dit Amr à son retour, qu'un Moslim refuse sa protection
à des êtres qui sont venus se réfugier sous son toit ! » Et la tente
demeura : bientôt le camp devint une ville. Les Arabes l'ont nommée
Fostât (de *fostât*, tente), en souvenir de cette touchante origine.

La Fostât des Arabes grandit. Mais, lorsque les califes eurent étendu leur domination des Pyrénées aux rives de l'Indus, leur empire se disloqua et l'Égypte commença de mener une vie séparée. Un chef puissant, Obeïd-Allah, qui se prétendait issu de Mahomet, par Fatima, la fille chérie du Prophète, s'était emparé du nord de l'Afrique : son petit-fils envoya une armée avec Djôhar dans la vallée du Nil. Bientôt les califes descendants de Fatima (*Fatimites*) furent établis au cœur du pays. L'antique Fostât ne suffisait plus. On résolut de construire une nouvelle ville à côté d'elle : la première tranchée fut ouverte au moment où la planète Mars (*el Kahir*, le victorieux) passait au méridien. Les Arabes désignant d'ailleurs l'Égypte sous le nom de Masr, les deux noms furent réunis et la cité des califes s'appela Masr-el-Kahirâ. C'est le vieux Caire actuel.

VII

LE VIEUX CAIRE

LA SOUKKARIÉH

ON loin de l'Ezbikiyéh, à deux pas de la ville européenne, commence la cité arabe. La Soukkariéh en est la rue la plus animée : une porte massive la ferme à chaque extrémité. Si vous franchissez cette porte du vieux Caire, vous êtes aussitôt plongé dans le plus extraordinaire fouillis de bêtes et de gens qui se puisse rêver. La rue est étroite, comme toutes les rues d'Orient, et, de chaque côté, les boutiques s'étalant à leur aise, il faut passer parmi les ballots, les voitures, les ânes et les chevaux. Je conseille aux gens pressés de prendre un autre chemin; mais, pour les amateurs de pittoresque, c'est l'idéal. Voici un équipage : dans pareille rue, est-ce possible? Un *saïs*, coureur au costume éclatant, au jarret infatigable, galope devant les chevaux et crie d'un ton impératif pour qu'on livre passage. Chacun s'écarte avec le calme dont on ne se départit jamais en cet heureux pays, et l'équipage passe sans encombre.

Aussitôt le flot mouvant reprend sa marche et, l'absence de pavés assourdissant les pas, il s'écoule presque sans bruit. Pas de cris, ni de bousculades : à peine, de temps en temps, la voix sèche ou le fouet de l'agent qui est chargé de l'ordre public. Car, ici, les agents soudanais, aux formes athlétiques, usent sans phrase, à l'égard surtout des indigènes, de procédés que nous pourrions trouver par trop persuasifs. Nous avons vu, assise près d'une fontaine à côté de son panier, une pauvre femme qui sans doute était en contravention avec les règlements; car, sans crier gare, un grand diable noir en uniforme lui cingla un coup de fouet au travers du visage. Vous pensez le cri de douleur : un cercle se forme, on saisit le bras prêt à frapper encore, on supplie, et la pauvre femme se retire. J'avoue n'avoir pas encore bien compris ce système de police; mais il paraît que là-bas c'est le seul moyen de se faire obéir. En est-on bien sûr?

Marchand d'étoffes.

Il est à peine besoin de dire que la Soukkariéh se déroule à travers mille détours, de la plus grande fantaisie. Chacun se sent ici chez soi et s'arrange pour le mieux. Ici, les bancs d'un café s'allongent au milieu de la rue : on s'arrête à savourer l'exquise liqueur, on fume, on cause, le temps se passe. N'est-ce point la principale affaire? Plus loin, un savetier coud prestement dans sa boutique des babouches rouges et jaunes dont le brillant

Boutique de barbier au Caire.

étalage égaye le regard du passant. A côté, des souliers richement travaillés, des sacs de luxe tissés d'or et de soie. Puis ce

Un tourneur.

sont de modestes instruments de cuisine, des images d'Épinal mêlées de quelques dessins du cru ; de la ferblanterie commune, des vasques en cuivre aux formes élégantes.

Voici une boutique de barbier : la porte peinte en bleu est ornée d'arabesques dont les blanches découpures tranchent sur le fond uni. Le barbier doit être un personnage. Une femme lui présente son enfant sur le bras : le pauvre petit a sans doute quelque membre démis ; car l'empirique, faisant trêve à sa besogne ordinaire, lui tâte le bras, le masse en essayant de lui rendre son mouvement naturel. Pourvu qu'après ce traitement le petit malade avale dans un verre d'eau quelque verset du Coran ou quelque formule secrète, il est sûr de guérir.

Ces procédés nous font sourire. Mais notre médecine est-elle si dégagée des formes et de la routine ? En Orient du moins, cela s'explique : la religion est mêlée au dernier détail de la vie, et l'ignorance aidant, à côté de recettes que ne désavoueraient pas nos médecins, les empiriques emploient des procédés et des formules inspirés par la crédulité d'un autre âge.

A la porte du barbier, un petit mendiant tend la main ; on n'aurait garde de lui refuser, car l'aumône est après la prière le premier devoir des croyants. Les mendiants sont nombreux au Caire, les aveugles surtout. Cela tient sans doute à l'absurde coutume ou à la négli-

gence inexplicable qui laisse dévorer les enfants par les mouches
si nombreuses en ce pays. Les pauvres petits êtres sont mangés
tout vivants par des bandes d'insectes immondes : les yeux, la
bouche, les oreilles en sont noirs : c'est pitié de les voir impas-
sibles sous cette nuée dévorante.

Si l'on s'égare dans le labyrinthe des ruelles qui débouchent
dans la Soukkariéh, on trouve partout une délicieuse fraîcheur : la
terre battue est douce aux pieds et parfois la rue est tout à fait
couverte. Partout des *mashrébiyéhs*, sorte de cages en saillie, ajou-
rées par de fines découpures, se penchent au-dessus de nos têtes
et les défendent contre l'ardeur du soleil. Les plus beaux mashrébiyéhs sont dans la Soukkariéh; quelques-uns sont des chefs-
d'œuvre. On sait leur usage. C'est là que se placent les vases en
terre poreuse dans lesquels l'eau est mise à rafraîchir. De là leur
nom : *schráb* veut dire boire. Les mashrébiyéhs sont aussi un
observatoire pour les recluses que les Arabes décorent du nom
d'épouses. Du haut de ce balcon grillé, elles
peuvent respirer un peu d'air, voir le ciel et regarder, sans être vues, le va-et-vient des passants.
Les mailles compliquées des mashrébiyéhs ne sont
pas encore, paraît-il, assez serrées, au gré du moins
de quelques maris jaloux.

L'Arabe conçoit la vie tout autrement que
nous : sa maison est un sanctuaire où nul regard
profane ne doit pénétrer. S'il est riche et qu'il
reçoive, une salle particulière, la *mandara*, est
destinée aux réceptions. La salle est grande, fraîche,
Aveugles.
ornée avec goût. Au fond, des tapis et des divans moelleux pour
la conversation; au milieu, une fontaine jaillissante et un pavé
de mosaïque. Les murs sont ornés de belles faïences; les portes

finement travaillées s'ouvrent sous de lourdes persiennes. C'est dans la mandara que le maître reçoit ses amis. Mais il a une retraite plus intime dans laquelle ses amis eux-mêmes ne pénètrent jamais : le *harem*. Dans cet asile, loin du bruit des affaires et de la rue, il goûte au sein de sa famille le calme et la douceur d'un repos sans mélange. Là est pour lui le bonheur, et il défendra le secret du harem avec une jalousie qui peut être féroce. La femme d'ailleurs ne s'en plaint pas : étrangère au souci des affaires, elle est toute à son mari, à ses enfants, à la parure. Le narguilé, les bains, quelques promenades en voiture, de longues heures passées à bavarder ou à considérer le mouvement de la rue du haut du mashrébiyéh, voilà plus qu'il n'en faut pour employer ses loisirs. La femme arabe en général ne souhaite pas échanger sa réclusion contre la liberté pleine de périls et d'ennuis des Euro

Femme fellah.

péennes; elle s'estime heureuse comme elle est. Sans doute; mais cette vie toute végétative, emprisonnée dans le cercle étroit des mêmes préoccupations matérielles, est-elle favorable au développement des facultés qui font l'honneur de l'espèce humaine? « Les cheveux de la femme sont longs, dit l'Arabe, et son intelligence est courte. » Il n'a pas le droit de s'en plaindre, et la réclusion des femmes est peut-être plus encore que le Coran la raison de l'immobilité dans laquelle se consume depuis des siècles une civilisation autrefois riche d'idées et féconde en œuvres.

L'aspect de la Soukkariéh change à chaque pas. Les boutiques, les fontaines et les mosquées se mêlent comme les gens de la rue. Les fontaines sont nombreuses au Caire : la plupart doivent leur origine à quelque pieux

UNE RUE DU CAIRE.

fondateur dont une inscription rappelle le nom avec ces mots :
Sebil Allâh, sentier de Dieu, car l'aumône est le chemin qui mène
à Dieu. Une grille de fer ou de bois richement
travaillée entoure la fontaine : au-dessus se tient
une école élémentaire destinée aux orphelins et
entretenue par la fondation. Les œuvres charitables,
fontaines, écoles (*médresehs*), se rattachent d'ordinaire aux mosquées et vivent de leurs ressources.

Le *môristan* de Kalaoun, le plus bel hôpital du
Caire, était un établissement magnifique dans les
chambres vides duquel travaillent aujourd'hui les
ouvriers en cuivre. On y conserve pourtant le
mausolée du fondateur, et les malades viennent

Marchand d'eau.

prier près de ses reliques pour se guérir de la fièvre, des maux
de tête et des maladies inflammatoires. Cet usage pieux rappelle
la destination primitive du monument. A l'hôpital se trouvaient
joints une école, une bibliothèque, un laboratoire pharmaceu-
tique, un cours pratique fait par le médecin en chef de l'établissement. Tout cela n'est plus qu'un souvenir. En général, pour
guérir, on se fie plus à la prière qu'aux remèdes.

Les vrais croyants, qui par l'austérité de leur vie se sont fait
une réputation de sainteté, deviennent après leur mort l'objet
d'une vénération particulière. Ce sont des *ouélis*, médecins attitrés
de toutes les maladies : un tombeau (*koubbeh*) s'élève au-dessus de
leurs reliques; on y vient prier. Mais ces pieuses manifestations
sont trop souvent mêlées de pratiques ridicules. Les koubbehs des
ouélis se reconnaissent à la coupole qui les surmonte; les corps
de ces saints personnages sont ensevelis dans les mosquées
elles-mêmes.

MOSQUÉE EL-AHZAR

E toutes les mosquées du Caire, la plus célèbre est celle d'El-Ahzar. Fondée en 909 par Djôhar, le conquérant de l'Égypte, pour le compte des califes fatimites, elle comprend surtout une salle grandiose soutenue par trois cent quatre-vingts colonnes et éclairée le soir par plus d'un millier de lampes. La mosquée El-Ahzar est à la fois un lieu de prière et un lieu d'étude : la science et la religion ne font qu'un ; et là où, tout à l'heure, des fidèles se prosternaient en prière sur la natte épaisse de la mosquée, des élèves de tout âge et de toute condition écoutent avec attention les leçons de quelques maîtres renommés. « Sont hommes, dit un proverbe arabe, ceux qui apprennent ou ceux qui savent : tout ce qui ne rentre pas dans ces deux classes est vermine et n'est bon à rien. » Aussi les élèves sont-ils nombreux à la mosquée El-Ahzar : on en compte plus de dix mille venus de tous les points du monde musulman, depuis les Indes jusqu'au Maroc. Trois cents professeurs sont chargés de les instruire. Chacun d'eux s'établit au pied d'une colonne : ses auditeurs rangés autour de lui l'écoutent et prennent des notes. Rien de curieux comme cette salle immense avec ses groupes multicolores épars çà et là, dans un demi-jour mystérieux. Voyez ce vieux scheik à barbe blanche : sa réputation de savant doit être bien établie, car aucun groupe n'est plus nombreux et plus attentif que le sien. Il ne parle pas à son auditoire, comme le fait chez nous un professeur de cours public, il récite plutôt quelque chose comme une prière. C'est, en effet, le Coran qu'il explique, ou un commentaire du Coran. Les Arabes ne comprennent point les sciences séparées, encore moins les sciences séparées de la religion, dont le Coran est la loi immuable. La leçon terminée, le maître dit : « C'est jusqu'ici, et puisse Allah nous prêter l'intelligence! » Alors ses élèves prennent congé en lui baisant respectueusement la main, puis se répandent dans les cours ou forment des cercles animés jusqu'à la leçon suivante. Beaucoup d'élèves sont internes dans des bâtiments dépendant de la mosquée; ils sont distribués par nations : les Indous, les Marocains, les Égyptiens, les Asiatiques, comme autrefois, chez nous, les étudiants de la vieille Sorbonne se groupaient par provinces, les Tourangeaux, les Poitevins, les Picards, les Normands et les Gascons. La mosquée El-Ahzar est le centre scientifique de tout l'Orient, quelque chose comme le Musée d'Alexandrie, au temps des Ptolémées. L'enseignement qu'on y donne fait autorité dans tout le monde musulman, bien qu'on montre une grande tolérance pour les idées et les croyances diverses dont le Coran peut être l'occasion. Aussi, à cause de sa grande influence, la mosquée El-Ahzar est-elle l'objet d'une attention particulière de la part du gouvernement : on sait trop quel obstacle à peu près insurmontable elle pourrait être contre tout projet de réforme. Les déficits sont comblés par la caisse de l'État, les professeurs et le *muphti* nommés par lui. Le muphti est le grand maître de cette université : il s'appelle Schcik-el-Gami, habite un palais et reçoit un traitement de 40 000 francs. C'est le premier personnage musulman du Caire.

UN ENTERREMENT

La mosquée, quelle qu'elle soit, résume pour tout musulman une partie de sa vie : c'est là qu'il vient quatre ou cinq fois par jour, c'est là qu'il fait une dernière halte avant d'aller au champ du repos. Nous revenions flânant par la Soukkariéh, lorsque, à un détour, des hurlements éclatèrent soudain : c'était un convoi

funèbre. Un chameau précédait, du haut duquel on jetait des dattes et autres fruits aux malheureux; puis venait un groupe d'enfants et d'hommes récitant sur un ton de plaintive mélopée la profession de foi musulmane : « Dieu est Dieu et Mahomet est son

prophète ! » Portée sur les épaules, la bière disparaissait sous une riche étoffe de soie rouge brodée d'or : le défunt devait être un personnage de distinction. Aussitôt après, des femmes suivaient, vêtues de noir, couvertes de poussière, poussant des lamentations (*oualouala*) terribles et se lacérant la figure en signe de deuil.

Le cortège est bruyant et va vite. Arrivé à la mosquée, le défunt est déposé devant la niche à prières. On répète sur lui l'éternelle invocation : « Dieu est grand ! » On prie pour le repos de son âme ; puis, comme par un ressouvenir des antiques traditions de l'Égypte, un prêtre interroge les assistants sur la conduite du mort : « Nous témoignons, disent-ils, qu'il était des fidèles ! » Alors le cortège reprend sa marche ou plutôt sa course vers le champ des morts, le *karafeh*, qui s'étend au pied de la citadelle, autour du groupe formé par les tombeaux des califes. Là, le mort est déposé dans un petit caveau voûté en briques, la tête tournée vers la Mecque. On distribue de nouveau des aumônes, des dattes, du pain, de la graisse ; on paye les porteurs et les pleureurs, puis chacun se retire en silence. Trois jours durant, le soir arrivé, les amis de la famille se rendent auprès du fils du défunt, et, assis en silence autour de lui, songent au mort en priant pour son repos. Chaque jeudi, pendant quarante jours, les femmes viennent aussi faire entendre leurs lamentations, et, le vendredi, on va déposer des palmes sur le tombeau et distribuer des aumônes, afin de perpétuer par des bienfaits la mémoire du mort. Lui, pendant ce temps, attend le jour du paradis : son âme, après avoir paru devant Dieu, est revenue, et, comme elle a répondu heureusement à l'interrogatoire que lui ont fait subir les deux anges de la mort, les années qui la séparent de la joie sans fin passent comme un instant.

LA CITADELLE

La *citadelle* domine le champ des morts, du haut du plateau calcaire qui s'appuie à la chaîne du Mokattan : elle fut construite par *Saladin*. Les califes endormis dans la jouissance avaient laissé tomber le pouvoir aux mains de leurs vizirs. L'un d'eux fit appel à Noureddin, gouverneur d'Alep, qui lui envoya une armée commandée par *Salakh-ed-Din* (Saladin), fils d'Eyoûb. Bientôt Saladin fut maître de l'Égypte : il reconnut la suzeraineté des Abbassides, chefs incontestés de tout l'empire, mais dont l'autorité sur l'Égypte avait été confisquée par les califes fatimites. L'ambition de Saladin grandit avec le succès. A la mort de Noureddin il s'empara de ses États, battit les chrétiens à Tibériade et fit prisonnier Guy de Lusignan, roi de Jérusalem. Bientôt la ville sainte tomba entre ses mains. Richard Cœur de Lion essaya vainement de la lui reprendre. Saladin garda sa conquête et mourut glorieux à Damas, sans avoir revu les bords du Nil.

La mémoire de Saladin est restée populaire : sa grandeur d'âme, son courage chevaleresque, sa libéralité sans bornes lui avaient gagné les cœurs. Lorsqu'il mourut, son trésor était vide. L'eunuque *Karakousch*, qui construisit par son ordre la citadelle du Caire, avait imaginé, pour diminuer les frais, un moyen fort commode. Il fit détruire les mausolées de Gizeh et attaqua même la pyramide de Mykérinos; les pierres toutes prêtes grimpaient l'une sur l'autre comme par enchantement. La citadelle domina bientôt toute la vallée. Karakousch, de son temps, joua plus d'un bon tour. Mais la réputation qu'on lui a faite en Orient est détestable. C'est le pitre nécessaire de toute représentation, et les hardiesses qu'il s'y permet seraient capables de faire rougir un pompier.

Dans la citadelle, Saladin fit construire une mosquée et un puits : la mosquée n'a plus aujourd'hui que ses grands murs et sert de magasin; le puits, célèbre par sa profondeur, atteint au-dessous des eaux du Nil. Un réservoir le sépare en son milieu : des bœufs attelés à une noria montent l'eau jusqu'à ce bassin, un

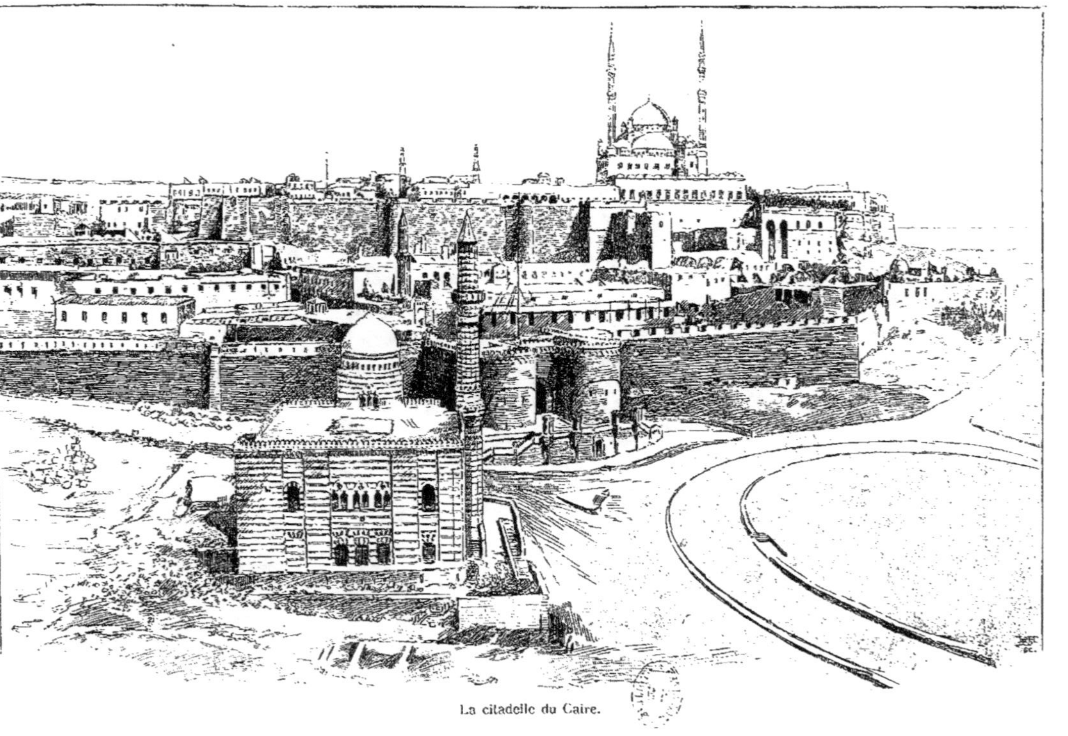

La citadelle du Caire.

autre attelage l'amène au niveau du sol. Les États de Saladin furent partagés entre ses dix-sept enfants.

Le nouveau maître de l'Égypte, Mélik-es-Sâlekh, petit-neveu de Saladin, eut à la défendre contre la croisade de saint Louis. Le roi de France fut fait prisonnier et son entreprise échoua ; mais, à ce moment, les Mongols bouleversaient tout l'Orient. Mélik se constitua une garde du corps avec les aventuriers échappés au fer des Mongols. La plupart d'entre eux étaient Turcs ou Kharismiens et s'appelaient modestement esclaves ou *Mamelouks*. Cette milice fut terrible aux croisés et à ses maîtres eux-mêmes : le fils de Mélik fut poignardé.

LES MAMELOUKS

Alors le pouvoir devint la proie du plus fort et du plus habile : un Mamelouk qui commandait dans l'île de Rôda se fit proclamer sultan ; bientôt il fut assassiné par une femme, et celle-ci par une autre. La citadelle devint un théâtre sanglant où chacun jouait sa vie pour le pouvoir. Les Mamelouks restèrent maîtres du Caire pendant trois siècles, de 1250 à 1517. On les a distingués en deux groupes, dont le premier s'appelle celui des *Bahirites*, de *bâhr*, fleuve, parce que le premier d'entre eux vint de l'île de Rôda : ses successeurs étaient les gens du fleuve. Le second groupe fut celui des Circassiens ou *Bordjites*, parce que, esclaves d'origine et soldats de la garde du sultan, ils logèrent d'abord à la porte (*bordj*) du palais.

Avec les Mamelouks la citadelle devint un labyrinthe tous les jours plus compliqué, comprenant à la fois une caserne, un palais, une mosquée, des cours et des appartements sans fin. Il ne faisait pas bon se hasarder dans ce dédale. Pourtant la domination des Mamelouks, soldats presque tous arrivés par le meurtre, ne fut pas sans grandeur. Les plus beaux monuments du Caire, la mosquée *Hassan*, les *tombeaux des Califes*, le *môristan de Kalaoun* sont trois chefs-d'œuvre qui leur appartiennent.

Pressés de vivre, les Mamelouks s'entourèrent de tout le luxe et de tous les plaisirs à la fois, favorisèrent les lettres, les arts et mirent à contribution, pour jouir, les ressources inépuisables de l'Égypte. Jamais, même au temps des Ptolémées, le commerce n'avait été plus florissant. Le Caire voyait plus de bateaux que Gênes ou Venise, et de longues files de chameaux y entassaient les produits de l'Afrique et de l'Asie. La Perse, la Chine, l'Europe étaient tributaires de l'Égypte. Les Mamelouks peuplèrent leurs palais d'esclaves, de soldats, de femmes, qu'ils chargeaient d'or et de pierres précieuses. Palais, mosquées, fontaines, caravansérails s'élevaient pour témoigner de la richesse et de la puissance du maître. Les armes de prix, les tapis précieux, les soies brodées d'or, les parfums accumulés firent renaître le beau temps des califes.

Mais on avait trop hâte de vivre, et l'Égypte s'épuisait. De nouveaux conquérants guettaient cette riche proie, attentifs à profiter du mécontentement universel et de la division du pouvoir. En 1517, les Turcs survinrent avec *Sélim* et s'établirent dans la citadelle du Caire. L'obscur calife abbasside, que les Mamelouks se transmettaient de génération en génération, pour donner à leur pouvoir un semblant de légalité, fut contraint d'abdiquer son autorité illusoire et de remettre l'étendard vert du Prophète aux mains des Turcs. Ceux-ci l'ont transporté à Constantinople, et c'est à ce titre que le sultan prend le nom de Commandeur des croyants.

Bientôt, malgré les Turcs, l'ancienne aristocratie reprit le pouvoir, et les gouverneurs que le sultan envoyait de Constantinople abandonnèrent l'administration à vingt-quatre beys, dont le chef, le *Scheik-el-Beled*, était le véritable maître du gouvernement. L'Égypte, pillée par les beys, les Mamelouks et les soldats turcs, fut bientôt méconnaissable : les canaux s'obstruant, le désert envahit le Delta ; les monuments s'en allèrent en ruine et personne ne songea à les réparer. L'Oriental, en effet, ne construit que pour jouir, et deux siècles à peine suffirent pour faire des admirables monuments qu'il avait fouillés et peints avec amour un amas informe de débris.

LES FRANÇAIS

Quand les Français abordèrent en Égypte, le pays n'était plus qu'une ruine. Ils mouraient de faim près de Tansah, là où maintenant ondulent les moissons. L'aristocratie guerrière qui dévorait le pays essaya de défendre le peu qui en restait ; mais la puissante cavalerie des Mamelouks vint se briser contre les solides carrés de Bonaparte. *Mourad-Bey* et *Ibrahim-Bey* furent irrémédiablement défaits sur la rive gauche du Nil, au pied des Pyramides. Les vieux Pharaons, sous leur masse de pierre, en durent tressaillir, car cette journée fut le triomphe des libérateurs de l'Égypte. Par une sorte de fatalité, la destruction de leur flotte enferma les Français dans le pays ; ils durent se suffire à eux-mêmes, créer des manufactures d'armes et de munitions, fabriquer la bière, ensemencer les terres et ouvrir des canaux. Le vainqueur des Pyramides avait un plan complet de restauration du pays, et l'exécution commençait. « Il nous faut sortir d'ici, disait-il, grands comme le monde! » En même temps, les savants qui avaient suivi l'expédition, Monge, Berthollet, Geoffroy Saint-Hilaire, etc., se mettaient en campagne, dérobaient leurs secrets aux hypogées et aux hiéroglyphes, rendaient la vie aux obélisques et aux temples, témoins muets d'une civilisation oubliée, qui allait enfin reparaître au jour. Les Français apportaient à l'Égypte un double élément de vie, l'activité d'une civilisation neuve et la restauration d'un passé glorieux. Ils ne purent achever l'œuvre commencée. Bonaparte, qui en était l'âme, fut contraint de quitter l'Égypte, laissant Kléber, un autre lui-même, pour défendre sa conquête. Turcs et Mamelouks se crurent sauvés; au nombre de soixante mille, ils attaquèrent les dix mille soldats de Kléber, à *Matariyéh*, près des ruines de l'antique Héliopolis, et furent honteusement défaits. Le poignard d'un assassin eut raison du vainqueur. Les Français, découragés par la perte de leur chef, mal commandés, durent bientôt évacuer l'Égypte, et ce malheureux pays redevint la proie de ses anciens maîtres; mais la flamme généreuse qui avait brillé un instant au bord du Nil ne tarda pas à se ranimer et prit au souffle d'un grand homme l'éclat et la vigueur qui ont fait revivre l'Égypte.

MÉHÉMET-ALI

Méhémet-Ali, l'auteur de cette renaissance, commença par faire la guerre aux Français; mais il apprit ainsi à les estimer, devint leur admirateur et bientôt leur ami. Son avancement fut rapide : simple officier dans l'armée turque, il gagna la confiance du gouverneur de l'Égypte, se fit nommer chef de la police et bientôt disposa de tout. Les Cairotes, fatigués des Turcs et des Mamelouks, le proclamèrent pacha ; bientôt la Porte ratifia cette nomination, et Méhémet-Ali gouverna le pays du haut de la citadelle. Ambitieux et pratique à la fois, Méhémet-Ali avait résolu d'établir sa grandeur sur celle de l'Égypte, en la transformant à son profit. Dans ce but, il fit appel à la civilisation européenne et surtout aux Français, qui en étaient à ses yeux les meilleurs représentants. « L'Égypte est un don du Nil » : on s'empressa de distribuer partout les eaux bienfaisantes du fleuve et de rendre à la terre la fertilité qu'elle ne connaissait plus. Le port d'Alexandrie sortit de ses décombres et tendit la main au grand fleuve par le canal Mahmoudiyéh. Mais Méhémet-Ali, impatient d'agir, trouvait sans cesse au travers de sa route les anciens dominateurs de l'Égypte, aristocratie puissante encore par les richesses et le fanatisme : il résolut de s'en défaire.

Les principaux d'entre les Mamelouks, quatre cents environ, furent invités à une grande fête chez le gouverneur (1er mai 1811) Sans défiance, ils se rendirent à l'invitation, parés de leurs plus riches habits, tout brillants de pierreries et d'armes magnifiques. Comme ils montaient à la citadelle par un étroit chemin qui s'enfonçait obscurément entre deux hautes murailles, tout à coup éclate sur eux une terrible fusillade. Ce sont des Albanais de la garde du pacha, qui, postés à toutes les issues, tirent à bout portant et sans relâche sur les Mamelouks, embarrassés dans leurs vêtements et serrés à étouffer, les uns contre les autres. Un long cri de fureur retentit ; les armes brillent. Mais que faire ? Les portes sont fermées, les murailles inaccessibles et la mort ne cesse de frapper. Emportés par le désespoir, les premiers s'élancent : ils retombent sous leur monture ; les chevaux affolés augmentent le désordre. Les victimes s'entassent et cet horrible amas, tressautant encore dans les spasmes de l'agonie, monte le long du mur et comble l'étroit couloir. Quelques Mamelouks restent encore : fou de terreur, l'un d'eux bondit sur la masse sanglante; par un effort incroyable, il enlève son cheval par-dessus le mur et tombe dans le vide. Le mur à pic qui fut témoin de ce bond effroyable mesure bien 100 pieds de haut. Le cheval du Mamelouk fut émietté par la chute; le cavalier, sain et sauf, ne pouvait croire à sa délivrance. Il se sauva, moitié mort de fatigue et d'émotion, et resta caché quelques heures. Mais un traître vint le dénoncer à Méhémet-Ali. Celui-ci fit pendre le traître et traita le Mamelouk avec honneur. Il avait voulu renverser un obstacle et non se donner le plaisir de verser le sang. La citadelle du haut de laquelle les derniers Mamelouks avaient si longtemps pesé sur l'Égypte était devenue leur tombeau.

Aujourd'hui l'on accède à la citadelle par une route bien entretenue, dont la pente adoucie se déroule jusqu'à la porte voûtée, seul reste, ou à peu près, de l'antique forteresse. La plupart des constructions ont été renouvelées; Méhémet-Ali a édifié sur le plateau une mosquée magnifique et qu'il a voulue digne de lui. Cette mosquée a coûté des sommes énormes : elle est construite sur le modèle de Sainte-Sophie; des plaques d'albâtre garnissent les murs et lui ont valu le surnom de *mosquée d'albâtre*. A droite de la porte se trouve le tombeau du fondateur; c'est là qu'il repose sous un drap d'or, derrière une grille d'un travail merveilleux. La cour qui donne accès au monument est entourée d'un gracieux portique; au milieu, une fontaine de marbre et d'albâtre s'enveloppe de délicates arabesques, comme d'un manteau d'admirable dentelle. L'ensemble de la mosquée produit grande impression, non tant par la richesse des détails que par l'harmonie des lignes et l'audace de la coupole et des minarets. Leur pointe aiguë perce le bleu profond du ciel et domine au loin la vallée du Nil.

Méhémet-Ali était grand bâtisseur. De la citadelle on aperçoit le barrage colossal qu'il avait étendu au travers du fleuve pour servir à la fois de pont, d'écluse et de défense. Ce n'est plus aujourd'hui qu'un passage. Comme tous les gens pressés, Méhémet-Ali manqua plus d'une entreprise par trop de précipitation. Gouverneur de l'Égypte, son ambition visait plus haut : la jalousie de son maître, le sultan, faillit lui permettre de la satisfaire. Ses troupes, commandées par Ibrahim-Pacha, son fils adoptif, battirent à la glorieuse journée de Nézib celles de Mahmoud II ; si l'Europe ne fût intervenue, le simple soldat sorti de Macédoine allait peut-être s'asseoir sur le trône des sultans. Faut-il regretter que cet événement n'ait pas été consommé? La Turquie, remuée par une main comme celle de Méhémet-Ali, aurait sans doute plus vite secoué la torpeur dans laquelle elle dort encore. Le vainqueur de Nézib ne recueillit de sa victoire que le titre de prince héréditaire de l'Égypte (1841); il mourut en 1849 dans son palais de Schoubra.

LE KHÉDIVE ISMAÏL

Saïd-Pacha poursuivit l'œuvre de Méhémet : Ismaïl y mit le couronnement. On sait comment un nouveau Caire s'est élevé sous sa main. Le chemin de fer qui conduit d'Alexandrie au Caire et du Caire à Ismaïlia est son œuvre. Le télégraphe fut poussé jusqu'à Karthoum; un canal d'eau douce unit le Nil à la mer Rouge;

enfin le canal de Suez fut ouvert. Lorsque, en 1868, le premier navire y passa, ce fut une fête incroyable. Le khédive Ismaïl traitait en souverain magnifique ses hôtes venus de tous les points du monde : palais, tables somptueuses, attelages princiers, tout leur fut prodigué.

Une route fut créée pour aller du Caire aux Pyramides; le palais de Gézireh orné comme par la main des fées. Ceux qui ont pu jouir de cette hospitalité sans égale en conservent encore le brillant souvenir, comme d'un conte des *Mille et une Nuits.*

Ismaïl poursuivit avec une même activité la prospérité matérielle et le relèvement moral de l'Égypte. L'éducation scolaire fut réformée par le Suisse Dor-Bey; on essaya d'en faire profiter les femmes. La réforme judiciaire suivit de près : on sépara la justice du Coran; le bon sens et le droit entrèrent en lutte avec la routine des *ulémas*, gardiens des vieilles traditions juridiques. Enfin l'esclavage fut supprimé, légalement du moins. L'esclavage est tellement entré dans les mœurs de l'Orient qu'Ismaïl, en essayant de le supprimer, s'est donné un travail plus considérable que le percement de l'isthme de Suez. On ne saurait trop s'élever contre l'odieux commerce de la chair humaine; les abominables brigands qui en font métier sont les monstres de notre espèce. Mais, une fois entré dans la maison de son maître, l'esclave voit généralement finir sa vie de tourments : on le traite relativement avec douceur. Des esclaves, et le fait n'est pas rare, sont parvenus à gagner l'entière confiance de leur maître; on les a vus devenir ministres et chefs d'État. Mais le principe même de l'esclavage, sans compter les abus terribles dont il est cause, nous répugne. Ismaïl a voulu faire ce sacrifice à nos idées et déclaré l'esclavage aboli; mais bien peu d'esclaves ont voulu profiter de la loi et réclamer la liberté que tout juge est obligé de leur donner.

L'esclavage restera longtemps encore, sous le couvert, dans les idées et les habitudes de l'Orient ; c'est cela d'abord qu'il faudrait modifier. Mais les hommes sont plus rebelles que la nature. On a pu ressusciter la fertilité de l'Égypte antique : les Arabes ne changeront guère et disparaîtront plutôt, comme les anciens Égyptiens auxquels ils ont succédé et à côté desquels ils ont vécu par les monuments, sans les avoir compris.

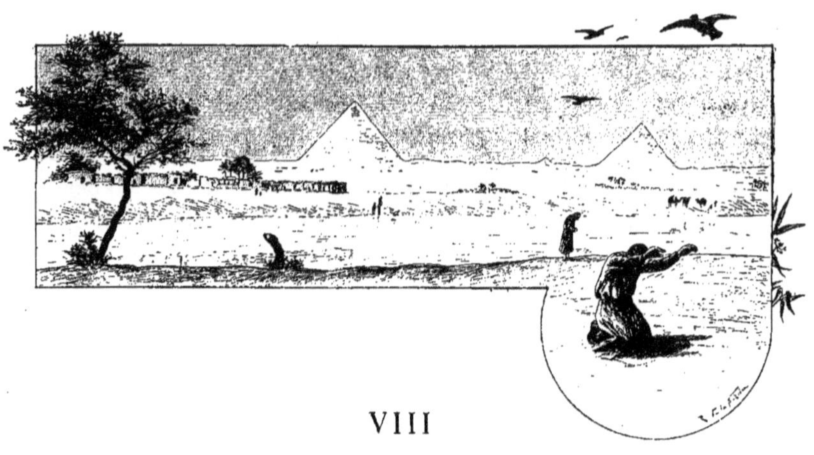

VIII

L'ANCIENNE ÉGYPTE

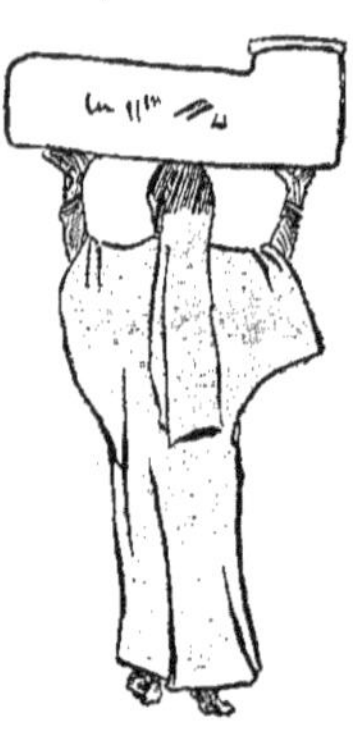

ES Pyramides étaient debout depuis quatre mille ans lorsque fut bâtie la première maison du Caire. Des générations de Pygmées, Grecs et Romains, Arabes et Turcs, Français et autres, se sont remuées autour de ces colosses de pierre, sans pouvoir échapper à l'espèce de fascination qui rayonne de leur masse immuable. Quelques-uns n'ont-ils pas été jusqu'à prétendre que les Pyramides sont d'origine divine ? Elles ont elles-mêmes expliqué le mystère de leur existence : témoins, trop longtemps muets, d'un monde disparu, elles ont enfin parlé. Grâce à elles et surtout aux savants qui ont dérobé leurs secrets, l'Égypte antique reparaît au grand jour, à côté d'une Égypte nouvelle, toute fraîche de jeunesse et rayonnante d'avenir.

LA ROUTE DES PYRAMIDES

Une chaussée plantée de beaux arbres conduit du Caire aux Pyramides de Gizeh, d'un côté à l'autre de la vallée du Nil. Sur la rive gauche du fleuve, à l'extrémité du pont, se tient, le matin, un marché indigène très digne assurément de fixer la curiosité, mais dont la saveur pénétrante ménage par trop de surprises aux nez délicats. — Passons. Le long de la route, des gens se font raser; l'installation du barbier est simple et ingénieuse. Accroupi à l'orientale, il fait mettre le patient à genoux devant lui, tête

Un barbier.

baissée, et, passant rapidement sur la peau basanée de son bras, comme sur un cuir naturel, la large lame de son rasoir, il nettoie en un clin d'œil les têtes les plus touffues. C'est l'usage en Orient de se faire raser la tête ; quelques fervents conservent sur la gauche une mèche qui s'allonge et tombe parfois jusque sur l'épaule. C'est la mèche que doit saisir Mahomet pour enlever le vrai croyant au Paradis.

La route que nous suivons est pleine de gens qui s'en vont au marché, les uns à pied, un long bâton passé derrière le cou en travers des épaules; leurs mains s'appuient à chaque extrémité.

D'autres sont juchés sur des chameaux grands comme des maisons; d'autres enfin traînent leurs jambes dans celles d'un petit âne qui galope. Certains ânes portent des fardeaux énormes : des caisses, des fagots de bois dix fois gros comme eux, sous lesquels ils disparaissent. Les femmes fellahs sont nombreuses parmi les passants : grandes, bien faites, elles rappellent à s'y méprendre, par les traits et l'allure, ces statues antiques dont les récents travaux ont mis au jour tant de beaux modèles. Leur costume est des moins compliqués : une longue chemise bleu foncé d'étoffe légère, un voile pareil retombant de la tête sur les épaules, en font tous les frais; la figure est à découvert. Elles portent sur leur tête les denrées qu'elles vont vendre au marché; quelques-unes retiennent un enfant attaché sur leur dos comme un paquet. Nulle part, la patience de ces petits êtres ne nous a paru mise à plus rude épreuve; les mouches, les cahots, ils supportent tout sans se plaindre. Ce sont de vrais fils de l'Orient; ils en ont déjà la résignation.

Femme fellah.

La route est arrosée avec soin : évaporée presque aussitôt, l'eau répand sous les grands arbres une fraîcheur délicieuse. L'eau ne manque pas d'ailleurs; car le Nil, dont la crue dure encore, baigne les deux côtés de la chaussée. Un homme se penche muni d'une peau de bouc qu'il remplit et jette sur son dos.

Puis il se promène sur la route en ouvrant peu à peu la main qu'il tient serrée autour du cou de l'animal, devenu l'orifice de son outre. L'eau s'échappe à mesure qu'il avance, mais il y a quelque chose d'assez répugnant à voir cette énorme bête au poil noir et mouillé qu'il remue sur son dos.

Cinq cents mètres avant les Pyramides, quelques Arabes dont le métier est de servir de guides attendent les voyageurs sur le bord du chemin. Bientôt ils sont une nuée ; tous galopent au pas des chevaux. Enfin, après une montée laborieuse dans une ruelle encaissée et chaude comme un four, nous voici sur le plateau, au pied des montagnes de pierre.

Arroseur.

LES PYRAMIDES

Les Pyramides de Gizeh sont au nombre de trois : la pyramide de *Chéops*, qui est la plus haute (147 mètres), la pyramide de *Chéfren* et celle de *Mykérinos*. Aucun monument du monde ne peut leur être comparé pour le volume et le poids des matériaux. Les Pyramides s'élèvent sur le roc vif du plateau qui termine la chaîne Libyque et limite, à l'ouest, la vallée du Nil. Les blocs ont été tirés des carrières de Tourah dans la chaîne du Mokattan, qui fait face aux Pyramides et sert d'appui à la citadelle du Caire.

L'ascension des Pyramides n'est pas une entreprise bien difficile : on y monte par un escalier. Il est vrai que les marches ne sont pas droites et zigzaguent sur le flanc de la montagne de pierre avec un sans-gêne exceptionnel; quelques-unes d'entre elles ont même jusqu'à 1 mètre et 1^m,20 de haut. L'escalier laisse donc un peu à désirer. C'est l'œuvre du temps qui a désagrégé le revêtement des Pyramides et découvert les blocs. La pyramide de *Chéops* est la plus facile à escalader : nous partons.

Deux Bédouins, aux jarrets solides émergeant d'une chemise de toile blanche, attendent, juchés déjà sur le premier bloc : ils saisissent leur patient, chacun par un bras; un autre Bédouin s'arc-boute par derrière; vous haussez la pointe du pied jusqu'au rebord de la marche, quelquefois à la hauteur de votre nez. Hop! un fort coup de reins, vous êtes monté. Vingt-cinq minutes encore de cette gymnastique, et la pyramide sera vaincue. Tartarin n'a qu'à se bien tenir.

Si les muscles de vos jarrets font défaut en route, Abdallah, qui dirige la caravane et se prétend un peu médecin, les ranimera par un habile massage. Il marche en tête pour indiquer la route, évite les pas dangereux et choisit de-ci, de-là, une grosse pierre formant terrasse, pour reposer un peu vos poumons hors d'haleine. Il faut éviter, si l'on est sujet au vertige, de regarder derrière soi dans le vide : car, bien que l'inclinaison de la pyramide soit telle que, si du haut vous tirez un coup de pistolet horizontalement, la balle vient tomber au milieu de la face, à l'escalade on voit un abîme béant, ouvert à pic sous les pieds. Peut-être le manque d'appui est-il cause de cette illusion; il faut parfois se courber sur la pierre et former un crochet vivant de son corps. Mais ce sont là des misères prévues avant de monter. Le sentiment qu'il suffirait d'une chiquenaude pour vous détacher dans l'espace n'est évidemment pas fait pour rassurer non plus. Votre vie est entre les mains des guides : ils le savent et, quoique pour la plupart honnêtes et soumis à un règlement sévère, ils ne sont pas

Vue générale des Pyramides.

assez ennemis d'eux-mêmes pour ne pas réclamer à chaque étape un nouveau bacchisch. Si vos prix ont été bien réglés d'avance, mais surtout si votre bourse est en bas, entre des mains sûres, vous pourrez, sans trop de dommage, échapper aux risques de la situation et à ceux qui l'exploitent.

Le sommet de la pyramide est un plateau surmonté d'un mât. Depuis longtemps la pointe a dégringolé jusqu'en bas. L'air est vif, la vue incomparable. Du côté du Nil, une vallée riante aux mille filets d'argent coulant sur un tapis de verdure; puis, sur la rive du grand fleuve, le Caire, avec ses palais et ses mosquées, émergeant comme d'une forêt; et bien haut, défi porté à la pyramide, la citadelle éclatante de blancheur, qui cache dans le ciel bleu la pointe de ses minarets. Ce spectacle est vivant et radieux. De l'autre côté de la pyramide, c'est le désert et la mort. Rien qu'une plaine de sable immense et monotone dont les vagues, semblables à celles de l'Océan, ont roulé et enveloppé dans leur linceul plus d'un passager. Des ossements blanchis brillent encore çà et là, tristes épaves d'un naufrage. Le sable scintille, aveugle sous le soleil, dont les rayons bienfaisants suscitent à côté l'abondance et la vie. Le contraste est saisissant et l'on comprend pourquoi les Pharaons ont édifié ici leurs mausolées; car, de même que le soleil disparaît à l'ouest dans la nuit du désert, de même l'âme, après sa course terrestre, doit s'évanouir du côté où s'étend le désert, ennemi de toute vie. Nulle part mieux qu'ici l'âme ne doit se reposer dans le silence et le mystère de la mort. Les Pharaons croyaient, en entassant des montagnes, se garder un repos éternel, à l'abri des injures du temps et des entreprises des hommes. Leurs calculs ont été vains : la dent des siècles a mordu à peine les Pyramides; mais la rapacité des hommes et la curiosité des savants ont percé les blocs amoncelés et violé les tombeaux. Quelques lambeaux d'étoffe, des bijoux, des amulettes épars dans les musées sont les seuls débris qui restent des Pharaons, dérision amère qui les livre en pâture à la curiosité publique, tandis que, sans doute, les plus humbles parmi leurs sujets reposent encore en paix, à l'abri des profanations, dans quelque coin ignoré.

La grande pyramide abrite le tombeau de Chéops : on y pénètre par le nord à la troisième assise au-dessus du sol. Un bloc énorme de granit en ferme l'entrée; mais les chercheurs d'or ont tourné l'obstacle en faisant une brèche dans la muraille. Un corridor bas et étroit pénètre jusqu'à la chambre de la reine; puis il devient horizontal, et la voûte élevée permet de respirer. Enfin voici un vestibule fermé par des plaques de granit glissant dans des rainures; c'est là qu'est le sarcophage de Chéops. La chambre mortuaire est sans ornement : six plaques de granit forment le plafond; au-dessus pèse la masse colossale. On se sent oppressé à cette pensée, dans cette chambre étroite, à l'atmosphère lourde et chaude. Il fait bon sortir au grand air : seule, l'ascension de la grande pyramide vaut la peine qu'on se donne, car le cœur du monument est vide.

La pyramide de *Mykérinos* n'a pas perdu, comme celle de Chéops, le revêtement de pierre polie qui en couvrait les blocs, de la base au sommet. Aussi l'ascension en est-elle fort difficile; il n'y a que les Arabes pour grimper comme des chats sur ce miroir glissant; c'est même l'objet d'une petite industrie : pour un bacchisch, l'un d'eux rapporte du sommet un éclat de pierre, le plus souvent ramassé à deux pas, derrière le touriste naïf.

Au sud-ouest de la pyramide de Chéops s'élève la pyramide de *Chéfren*, et, à côté d'elle, le *Sphinx* achevé par ce prince. Le colosse a été taillé dans le roc vif et mesure 20 mètres de hauteur ; ses griffes reposent sur un dallage qui était celui d'un temple, auquel on accédait par un escalier monumental ; entre les pattes s'élevait un autel. Car le Sphinx était dieu, symbole du soleil levant, Horus, qui donne la lumière et la vie à toutes choses. Gardien immuable, le Sphinx tourne le dos au désert et l'empêche

Le Sphinx et les Pyramides.

d'envahir les champs cultivés qu'il protège : son corps de lion indique la force matérielle ; sa tête humaine, la force intellectuelle. Toutes deux sont irrésistibles et représentent la puissance créatrice. De là vient que les Pharaons, incarnation vivante de la puissance invisible, sont représentés sous la forme d'un lion à figure humaine. Le Sphinx a été de bonne heure envahi par les sables : on a essayé de le détruire et les Mamelouks en ont fait un point de mire pour leur artillerie. Le nez, emporté par un boulet, donne un aspect misérable à cette physionomie, dont la douceur et la majesté étaient autrefois un objet d'admiration.

LE MUSÉE DE BOULAQ

Les Pyramides ne sont que les mausolées principaux d'une vaste nécropole. Presque tous les tombeaux qui les entouraient ont disparu sous les décombres, et tout ce qu'on y a trouvé d'intéressant a été transporté au musée de Boulaq. C'est là qu'il faut aller revoir l'Égypte antique. Le musée de Boulaq est une œuvre toute française, fondée sous les auspices du khédive par l'infatigable Mariette; aucune collection de monuments pharaoniques ne lui est comparable. Mariette avait réuni toutes ses richesses à Boulaq, le port du Caire; mais, les eaux du Nil ayant à plusieurs reprises envahi les jardins, et les murs menaçant de s'écrouler, on vient de transporter le musée sur la rive gauche du fleuve, à mi-chemin des Pyramides à vol d'oiseau. Le musée loge maintenant dans un palais, au milieu d'un magnifique jardin. On y trouve des figures admirables, sculptées dans la pierre et dans le bois et vieilles de plus de cinq mille ans. Nous avons, au musée du Louvre, un portrait en bois de sycomore, chef-d'œuvre de grâce et de vie, qui peut soutenir la comparaison avec les plus beaux spécimens de Boulaq.

Les statues qui se rapportent aux temps les plus reculés de l'empire pharaonique ont, dans leur uniformité et leurs proportions gigantesques, quelque chose de froid et de compassé. La sculpture égyptienne avait des règles comme la nôtre, comme la sculpture grecque, règles fondées sur des traditions et des croyances

qu'un artiste était contraint de respecter. Chaque personnage
avait, d'après sa taille moyenne, les bras, les jambes et les épaules
d'une longueur déterminée. La pose
ne varie guère : cela manque de
mouvement et de vie. Mais les
détails sont remarquablement traités : les figures sont de véritables
portraits où plus d'un fellah de nos
jours pourrait se reconnaître. On
ne peut oublier que la sculpture
et la peinture chez les Égyptiens

Devant un sphinx.

avaient un but essentiellement décoratif. Les sphinx devaient
border de longues avenues; les statues géantes, veiller à la porte
d'un temple ou d'un palais. Tout cela concourait à un effet général,
et l'on ne peut, sans être injuste et faux, juger les œuvres de la
statuaire égyptienne en les séparant des monuments pour lesquels
elles ont été créées.

A une époque plus récente de l'ère pharaonique, les anciens
modèles ont perdu leur raideur et gagné en souplesse et en
rondeur. Il y a plus d'idéal dans la conception; les sculpteurs de
l'âge primitif étaient surtout des réalistes.

A côté de statues merveilleuses, le musée de Boulaq renferme
des *stèles* qui racontent l'histoire des hommes qui les ont élevées
et des monuments dans lesquels on les a trouvées. Les sarcophages et les momies sont innombrables, avec les scarabées qu'on
leur mettait autour du cou, souvent à la place du cœur, comme
symbole de l'activité créatrice qui doit faire un jour jaillir la vie
du corps mort en apparence. Des statuettes, ligotées comme des
momies, accompagnent le défunt pour labourer sa terre dans les
champs bienheureux; il a des amulettes contre les hasards de la

route. Quelques-uns sont pourvus d'un damier à tiroirs pour charmer leurs loisirs dans l'autre monde. Rien n'est oublié : tous les dieux possibles accompagnent le défunt, surtout *Thot*, à la tête d'ibis : c'est lui, en effet, qui est le scribe des dieux chargé de rédiger le jugement des morts. Il importe de se le rendre favorable, ainsi que *Safekh*, la déesse de l'histoire. Mariette a trouvé dans les tombeaux des bijoux magnifiques, véritables trésors : certaine chaîne d'or, souple comme un fil, porte un scarabée en verre bleu emmailloté dans une dentelle d'or; c'est à faire le désespoir de nos orfèvres.

Toute l'ancienne Égypte revit au musée de Boulaq : statues de dieux et de Pharaons, portraits sculptés sur les tombeaux, momies aux yeux vivants, inscriptions des stèles et des sarcophages, bijoux, ustensiles : c'est tout un monde disparu que l'enchanteur Mariette a remis sous nos yeux.

EN ROUTE POUR MEMPHIS

Depuis les Pyramides de Gizeh jusqu'à celles de Memphis, la chaîne Libyque porte sur son calcaire jaunâtre une longue file de quatre-vingts mausolées. C'est une immense nécropole de 73 kilomètres. On se rend à Memphis en chemin de fer jusqu'à Bédrésheim : là, il faut enfourcher un âne et galoper sur la chaussée. Le Nil couvrait encore la campagne quand nous entreprîmes cette expédition. La jetée s'avançait par mille détours au milieu de la campagne inondée, sous les bois de palmiers. De tous côtés,

les arbres baignent leur pied dans l'eau
et de leur magnifique panache pendent
des grappes d'or. C'est le temps de la
cueillette des dattes. Montés sur un radeau primitif, formé de roseaux étendus
sur des boîtes vides en fer-blanc,
échouées là on ne sait comment, les
travailleurs s'avancent au pied de l'arbre.
Un homme grimpe tout droit, comme un
chat, les pieds fermes sur l'écorce, le
dos appuyé contre une corde dont le
cercle, passant autour du tronc de l'arbre,
se monte d'un cran avec la main, à
mesure que les pieds s'avancent. Cette
façon de monter est aussi expéditive
qu'ingénieuse ; je conseille pourtant aux
amateurs de l'essayer après le retrait du
Nil, au-dessus d'une terre fraîchement
remuée. Le régime de dattes cueilli se
descend à l'aide d'une corde jusqu'au
radeau où une femme l'attend. Puis on
passe à l'arbre suivant, et la récolte
faite est ramenée au rivage. — Le sol
résonne à travers bois sous les pieds de
nos montures : nous approchons de
Memphis.

La cueillette des dattes.

L'antique métropole de l'Égypte a
vécu plus de quatre mille ans et il n'en reste même pas de ruines.
Le Caire lui a pris ses blocs taillés, ses colonnes, ses maisons ; on
a jeté dans les fours à chaux les temples de marbre et d'albâtre.

Memphis est devenue une carrière de pierre : ce n'est plus aujourd'hui qu'un amas de monticules verdoyants. Seul, le *colosse de Ramsès* demeure comme un témoin de la glorieuse cité ; il est étendu là tristement, sous un toit misérable.

Mais, si la ville des vivants a disparu, la ville des morts subsiste : au loin, la pyramide de *Sakkarah* l'annonce comme un seuil monumental. Parmi les terres bouleversées, les débris de murs en terre et de briques cassées, sous un soleil de feu, nous atteignons la pyramide. C'est déjà le désert : nos montures enfoncent dans le sable jusqu'aux genoux. A l'encontre de ses pareilles, la pyramide de Sakkarah ne présente point une surface nue se terminant en pointe, mais une succession de six étages dont le dernier n'a pas moins de 11 mètres. Le mausolée renferme deux chambres ornées de plaques de faïence, au plafond semé d'étoiles. C'est le plus vieux de tous les monuments humains. Aussi la main du temps y est-elle plus marquée qu'ailleurs : les pierres se détachent, les étages s'affaissent ; le monument s'effrite, condamné à une ruine prochaine. Il circule sur son compte des histoires peu rassurantes. Dimitri Krakopoulo, notre drogman (qui n'est pas de Gascogne), raconte qu'un serpent l'habite, sorte de monstre d'une longueur démesurée, d'une voracité incroyable, qui, la nuit, sort de son repaire et, se glissant jusqu'aux prochains villages, dévore des moutons entiers. Personne ne l'a vu, mais les replis de son corps sont visibles sur le sable : ce serpent mystérieux tient le pays dans la crainte. Puisse la pyramide en s'effondrant écraser le monstre !

LE SÉRAPÉUM

C'est dans la nécropole de Sakkarah qu'on enterrait le taureau sacré adoré par les Égyptiens sous le nom de *Hapi*. Nourri dans un palais, entouré d'une légion de serviteurs et de fidèles, plongé dans l'abondance, la situation du dieu était enviable; mais il fallait, pour y atteindre, des conditions difficiles à remplir. Une robe noire, un triangle blanc sur le front, la figure d'un vautour sur le dos, la queue de deux couleurs, une demi-lune blanche sur le côté droit : telles étaient les principales des vingt-huit marques nécessaires au nouveau dieu. Hapi n'était pour les Égyptiens que la manifestation visible du principe de vie *Osiris :* on l'appelait après sa mort *Osiris-Hapi*. Le dieu, soigneusement embaumé, était alors transporté avec pompe dans le temple construit pour recevoir sa dépouille mortelle. Ce temple, au dire des anciens, était d'une magnificence incroyable. De vastes dépendances l'entouraient : habitations pour les prêtres, casernes pour les soldats, hôtelleries pour les pèlerins, cellules pour les cénobites qui se réfugiaient sous l'œil du dieu, dans le mépris du monde et la contemplation des choses de l'autre vie. Le temps a tout dévoré : aux chants de fête a succédé un silence de mort; le désert a tout égalisé sous son linceul de sable.

Une bicoque s'élève maintenant dans cette solitude : c'est là qu'un Français, l'illustre Mariette, a consumé quatre longues années, loin des hommes et de leurs soucis, pour arracher au désert le secret qu'il cachait. Mais de quel courage opiniâtre a dû s'armer l'intrépide chercheur ! La masse mouvante, à peine écartée, retombait : une rafale détruisait l'ouvrage d'un mois.

Enfin l'allée des Sphinx, découverte en 1850, conduisit Mariette au *Sérapéum* des Grecs, temple élevé par eux à Sérapis, proche parent de l'Hapi égyptien. Mariette conclut, sur le témoignage de Strabon, que le temple égyptien devait être dans le voisinage, et, revenant par l'allée des Sphinx, il atteignit le souterrain où depuis des siècles le vieux Hapi dormait dans le silence de l'oubli. Le Sérapéum grec est à présent rentré dans la nuit du désert, les sphinx disparaissent sous le sable; à peine si quelques-uns encore laissent voir leur tête d'une beauté souveraine. Le Sérapéum égyptien, souterrain de l'ancien temple, a conservé seul en partie son intégrité.

L'étroit chemin qui descend à ce prodigieux caveau funéraire s'ouvre entre deux murailles de sable coagulé par le temps : les pieds enfoncent jusqu'aux genoux dans une masse mouvante qui ne tarderait pas à combler l'entrée, si on ne la rejetait tous les jours en arrière. Les galeries sont taillées dans le roc vif : à droite et à gauche, dans des chambres sans ornement, reposent les sarcophages du dieu Hapi. Ces cercueils géants, faits d'un bloc de basalte noir ou de granit rose, ne pèsent pas moins, chacun, de 70 000 kilogrammes. On se demande avec stupeur comment de pareilles masses ont pu être amenées ici, et quel ciseau a entamé leur acier impénétrable. Presque tous les tombeaux avaient été violés quand Mariette les découvrit : un seul était intact; on y retrouva la dépouille d'un dieu. Mariette nous a dit l'émotion profonde qui le saisit lorsque tomba le mur élevé par Ramsès il y a plus de quatre mille ans. Aucun écho n'avait depuis lors troublé le religieux silence de ce souterrain. Le doigt de l'ouvrier qui l'avait scellé se voyait encore dans le ciment. A l'intérieur, le sable conservait une trace de pas.

Quand Mariette pénétra dans les galeries, plus de cinq cents stèles fixées au mur, ex-voto laissés par de pieux pèlerins, disaient le nom de chaque dieu Hapi, l'époque de sa naissance et de sa mort, le nom du Pharaon qui régnait alors. Ces précieux documents historiques ont été enlevés. Vingt-quatre sarcophages restent encore, dont trois avec inscriptions. On peut, en s'élevant le long des parois sur une échelle, plonger le regard dans l'intérieur vide, pourvu toutefois que le couvercle du tombeau ait été écarté par la main de quelque géant. Certain cénotaphe est plus petit que les autres : c'est le cercueil d'un veau Hapi, enlevé à la fleur de l'âge. Une religieuse terreur plane sous ces voûtes : on les parcourt avec des torches, et c'est un spectacle saisissant, lorsque les chauves-souris qui dorment dans cette nuit s'échappent à la lumière comme une nuée épaisse et tourbillonnent follement, semblables à des oiseaux funèbres. Il est difficile de visiter le Sérapéum sans une émotion profonde.

LE TOMBEAU DE TÎ

De nombreux tombeaux se cachaient sous le sable du voisinage : on en a retiré des trésors. Le *mastabâ de Tî* est encore accessible. Quelques restes de murs indiquent la place du monument. Pour atteindre le tombeau qui est dessous, il faut se glisser sur le dos, par un étroit couloir de sable dont l'extrémité s'enfonce de 50 à 60 centimètres au-dessous d'une pierre : c'est l'entrée. La seule pensée qu'une rafale, en poussant la masse mobile, pourrait vous ensevelir vivant dans ce tombeau, a de quoi faire frémir. Avant un an, si l'on n'y prend garde, il sera inaccessible. L'intérieur du mastabâ contient un couloir et deux chambres funéraires; le cénotaphe n'y est plus. Des bas-reliefs d'une délicatesse rare couvrent les murs : ils décrivent en scènes variées la vie égyptienne, au temps des Pharaons. Voici des troupeaux qui traversent le fleuve, des bœufs qui labourent ou qui battent le grain. Plus loin, c'est une chasse à l'hippopotame, un marché, des femmes chargées de provisions, des laboureurs qui, sous l'œil de l'intendant, apportent au maître les redevances de ses domaines. Les ânes et surtout les oiseaux, l'oie, la grue, sont représentés avec une finesse étonnante : on les dirait sculptés d'hier et par un ciseau des plus habiles. Le mastabâ de Ti est un document historique de premier ordre, car chaque tableau porte une inscription qui l'explique. A l'entrée, sur la paroi de droite, se dresse en vive couleur l'ancien maître de ce logis : il se vante d'avoir eu la confiance de trois Pharaons et d'avoir occupé les plus hauts emplois de l'État. Cette peinture est tout ce qui reste de lui.

L'air ne nous parut jamais plus pur qu'au sortir de ces tombeaux : comme sur l'Océan, il règne à la surface du désert une brise qui, lorsqu'elle ne souffle pas en tempête, adoucit singulièrement les ardeurs du soleil et du sable.

Mais la providence du voyageur en cette brûlante solitude est encore le toit hospitalier de Mariette. Depuis que l'illustre chercheur l'a quitté, cet abri est devenu un caravansérail tout primitif : sur la terrasse ouverte du côté nord se dresse une table vermoulue accompagnée de deux ou trois chaises boiteuses. C'est là que nous prîmes un léger repas. Dimitri, notre drogman, avait tout prévu et même fait provision de glace. Oui! de la glace, dans le Sahara! Si vous l'aimez, je vous conseille de venir ici la savourer. Après une sieste délicieuse à l'ombre d'un mur, sur le sable tiède, tout le monde, à l'heure dite, se trouva prêt.

LE SOIR A TRAVERS LA CAMPAGNE INONDÉE

E soleil encore bien haut sur l'horizon dardait ses rayons de feu : nous sentions comme des pointes à travers nos vêtements. Cependant la caravane, à peine dégagée des sables profonds, prend une vive allure et enfile gaiement la chaussée. Un salut retentit : bacchisch! Ce sont de pauvres diables préposés à la garde de la digue qui nous saluent sous leur tente de roseaux. Une brise fraîche nous frappe le visage. A perte de vue, la campagne se repose sous les eaux : des bouquets d'arbres émergent çà et là, comme des corbeilles de verdure. On dirait un grand parc avec des lacs immenses, argentés de reflets brillants. Cette belle et riche nature fait couler dans nos veines une fraîcheur et une gaieté sans pareilles. Nos ânes eux-mêmes n'y sont pas insensibles; ils galopent à vive allure, et les Arabes qui les suivent, animés comme eux, les excitent de la voix et du bâton. Bientôt nous sommes emportés en une course folle : un faux pas, et nous irions plonger dans l'eau grasse du Nil. Dimitri n'en peut plus, son ventre ballonnant retombe à coups précipités sur l'échine de son âne, son visage ruisselle, ses vêtements fument : il a l'air d'un fleuve.

Enfin, après avoir franchi des ponts sans nombre, sauté des fossés et des flaques d'eau, nous arrivons, enveloppés d'un nuage de poussière, sous un bois de palmiers. La voûte aérienne abrite un village de fellahs construit, comme ses pareils, de boue grasse et noire séchée au soleil. Voici, près d'une mare, un groupe d'hommes qui délibèrent gravement, assis au pied d'un vieux sycomore : ce doivent être les principaux de l'endroit réunis en conseil. Nul moment en effet n'est plus favorable aux douces causeries : le soleil adouci allonge ses rayons d'or au travers des branches; la nature s'éveille comme après un long accablement.

Entrée d'un village.

Tout à coup, au détour d'un bosquet de palmiers, des cris joyeux éclatent : c'est le village entier qui prend ses ébats dans l'eau; grands et petits, mères et sœurs, tout cela, mêlé, patauge, crie et se pousse. Nulle part on ne prend plus de bains qu'ici : l'eau est partout, et l'on ne peut faire deux pas sans la traverser. Pour cela, le fellah n'a pas besoin de pont; ce qui ne veut pas dire que sa peau soit moins noire.

Toujours courant sur la chaussée, d'un village à l'autre, à travers un paysage dont le charme pénétrant ne saurait s'exprimer, nous arrivons à Bédrésheim. Des femmes, la tête pliant sous les claies chargées de dattes, rentrent à la maison; un troupeau de bœufs émerge et secoue ses poils noirs, avant de regagner l'étable. Ici, sur une terre battue, un jeune cheval bondit et caracole sous la main qui le dresse. Plus loin, c'est le port, car Bédrésheim a un port où toutes les barques se sont réfugiées à l'abri des palmiers. Le port touche à la gare : nous partons à regret.

La voie suit un canal. Des travailleurs attardés puisent l'eau du fleuve et la rejettent, de l'autre côté d'un petit barrage, dans les rigoles qui sillonnent leur champ. L'appareil qui leur sert à puiser l'eau se nomme *chadouf*. Il se compose essentiellement d'une perche mobile sur un support : à l'une des extrémités pend par une corde un large seau; l'autre bout est muni d'une pierre qui fait contrepoids. L'eau se puise encore à l'aide d'un appareil presque automatique, le *sakié*. C'est une roue à pots mise en mouvement par un ou deux bœufs attelés que surveille un gardien. Le sakié s'emploie surtout dans le Delta; partout ailleurs le fellah se sert du chadouf, au grincement dur et monotone.

Le canal est bordé

Un chadouf.

de villages dont la pauvreté même contraste avec la riche et puissante végétation qui l'entoure. Des niches basses et grises recouvertes de roseaux se perdent au milieu des caroubiers, des sycomores et des acacias géants : on ne soupçonnerait guère un village si quelque minaret ne pointait fièrement hors de cet océan de verdure. La maison du fellah est aussi misérable d'intérieur que d'aspect; l'ordure en encombre le seuil; chiens et poules, bêtes et gens sont logés ensemble. Depuis les Pharaons, la condition du fellah n'a guère changé : de nouveaux maîtres sont venus, mais on l'exploite toujours et sans pitié. Pas de riches parmi eux, mais aussi point de misérables : la terre est si féconde que, même après que l'État lui a pris la meilleure part de son travail, il reste encore assez au fellah pour végéter. Il semble d'ailleurs que le malheureux ait pris son parti de sa condition comme d'une fatalité inévitable : on lit sur son visage une tranquille résignation.

UNE NOCE

La bonne fée des voyageurs nous réservait une surprise avant d'arriver au Caire. Comme nous grignotions à belles dents les grenades savoureuses que le chef de train venait obligeamment de nous offrir, un cortège brillant défila sur la route. C'était une noce.

Des musiciens précédaient avec un tambourin, une flûte et une musette aux sons aigus. Quelqu'un gambadait à côté d'eux : c'est,

nous dit-on, l'acrobate, indispensable pour égayer la marche. Puis
viennent à la file des ânes, des chameaux chargés de bagages
divers : ustensiles de ménage, coffres énormes, baldaquins pleins
de femmes au regard curieux, amies de la mariée. Celle-ci vient la

dernière, soigneusement empaquetée dans un palanquin haut per-
ché sur la bosse d'un chameau.

Des banderolles flottent joyeusement à la brise, mais les rideaux
du palanquin hermétiquement fermés ne permettent pas d'aper-
cevoir l'héroïne de la fête. Quelques hommes vont à pied, d'autres
caracolent sur leurs chevaux d'un bout à l'autre du cortège. Enfin
un groupe de musiciens ferme la marche. Les éclats de voix
joyeux, mêlés aux ronflements du tambourin et aux notes per-
çantes du fifre, déchirent l'air tranquille. Bientôt tout se perd
dans un tourbillon. Il paraît (nous tenons ces renseignements d'un
voyageur obligeant) qu'arrivée au village prochain la fiancée pé-
nétrera avec son douaire dans la maison du fiancé qui l'attend.
Mais, jusqu'au soir, elle doit se tenir cachée. Pendant ce temps,
réunis en grand nombre, les amis de la famille prennent le repas
de noces : ils sont assis par groupes sur des tapis, et le fiancé,
souriant, circule au milieu d'eux, faisant à chacun de ses hôtes
les honneurs de la fête. Les mets se succèdent nombreux : on en
compte, pour le moins, une douzaine. Puis c'est le café et les

cigarettes qui vont leur train. Cependant la brise qui fraîchit.
annonce la nuit : on se lève et, à la lueur des torches, tous les
convives se rendent à la mosquée; la prière terminée, les invités
se dispersent, et le mari, libre enfin, pénètre dans la chambre où
l'attend sa fiancée. Un voile rouge couvre la tête de la jeune femme :
il le soulève et, si Allah lui a donné la femme de ses rêves, il sort
joyeux l'annoncer aux femmes qui attendent anxieuses la nouvelle
à la porte. Alors un cri de joie retentit.

Mais si le mari est déçu? Il en sera quitte, dit notre interlocuteur, pour prendre une autre femme. Le cas d'ailleurs est fort
rare; car, pour recluse que soit la femme arabe, elle n'est pas invisible aux yeux de tous. La mère et les sœurs du fiancé ont vu la
jeune fille chez elle, au bain, à la promenade. Le fiancé lui-même
a vu fréquemment son futur beau-père et traité des moindres détails intéressant son avenir; tous les deux ont fixé le douaire,
passé le contrat et sous les yeux du *fikî*, en présence de nombreux
témoins, scellé leur alliance. La part de l'incertain n'est-elle pas
aussi grande dans les mariages européens? On s'épouse, croyant
se connaître, et, si l'on s'est trompé, l'erreur est à
peu près irréparable.

Sans vouloir justifier ces dires, il faut reconnaître
pourtant que, si les garanties dont nous entourons le
mariage laissent encore tant de place à l'imprévu, la
réclusion que le Coran et l'usage font peser sur la
femme orientale n'est pas pour assurer la parfaite
convenance des époux.

<h1 style="text-align:center">IX</h1>

<h2 style="text-align:center">DU CAIRE A TUNIS</h2>

ISMAÏLIA

« Qui a bu l'eau du Nil, dit l'Arabe, la regrette toujours. Il est en effet difficile de s'arracher au Caire : le soleil éblouissant, la triomphante beauté de la nature, les souvenirs du passé, les contrastes du présent, tout retient ici. On part, mais avec la volonté arrêtée de revenir.

Deux chemins relient le Caire à la mer, par Alexandrie et Port-Saïd. Le premier est plus court : nous l'avons parcouru; le second permet de voir le canal de Suez. Il n'en fallait pas davantage pour nous déterminer.

27

Le chemin de fer du Caire au *canal de Suez* a son point d'attache vers le milieu du canal, à *Ismaïlia*. La voie, après avoir traversé des plaines fertiles, entre dans un véritable désert où des fascines disposées le long des rails ont de la peine à les défendre contre l'envahissement du sable. Ismaïlia est une de ces créations prodigieuses qui semblaient sortir de terre, à l'appel de l'enchanteur Ismaïl. Des boulevards immenses, plantés d'acacias aussi beaux que ceux des allées de Schoubra, des jardins, des palmiers jusqu'au bord du lac Timsah : tout cela s'est élevé en quelques mois au milieu du désert. L'eau abonde : un canal d'eau douce l'amène du Caire ; et ce n'est pas l'un des moindres attraits de ce

Un employé de chemin de fer.

parc merveilleux que de voir l'eau courir le long des allées au pied des grands arbres. Partout où l'eau se trouve sous ce ciel de feu, la terre se couvre de verdure. Mais il paraît que des infiltrations ont gâté l'eau et provoqué la fièvre. Il faudrait sans doute peu de chose pour remédier au mal. Mais, si l'Orient sait bâtir, il ne sait guère réparer.

Ismaïlia n'a plus le mouvement d'autrefois : la gare, les hôtels sont trop grands pour les voyageurs ; on ne fait qu'y passer. C'était jadis, au temps de la construction du canal, le centre de l'exploitation. M. de Lesseps y avait sa maison ; le khédive, un palais.

Avenue à Ismaïlia.

Les grands bâtiments de l'administration subsistent toujours et
sont coquettement installés près du port, mais Ismaïlia est méconnaissable. Fleur trop hâtive poussée au milieu du désert, elle était
destinée à se flétrir bien vite. Quelques statues de granit rose
trouvées dans les fouilles, de beaux arbres, le mouvement de la
gare et le passage des navires font tout l'intérêt d'Ismaïlia. Les
Français qui l'habitent encore, et ils sont nombreux, accueillent
volontiers le voyageur. N'ont-ils pas imaginé, pour chasser l'ennui,
de donner des concerts et de jouer la comédie! On jouait, le
soir de notre arrivée, sur un théâtre improvisé au fond d'un jardin,
le Médecin malgré lui, « pièce du fameux M. de Molière ». Allons!
la gaieté française n'a pas perdu ses droits, même au désert, à
plusieurs centaines de lieues de la mère patrie.

Le *lac Timsah* sert de garage aux paquebots en marche de
Suez à Port-Saïd. Il faut souvent attendre, car les encombrements
ne sont pas rares. C'est ce qui nous arriva.

LE CANAL DE SUEZ

uez est au sud du lac Timsah : le canal traverse,
pour y atteindre, les anciens lacs Amers ; le parcours est d'ailleurs absolument dénué d'intérêt.

Si l'on quitte le lac Timsah dans la
direction de Port-Saïd, on atteint aussitôt
le massif d'El-Gisr, hauteur de 16 mètres
qu'on n'est parvenu à percer qu'avec la
plus grande difficulté. Des dragues puissantes travaillent sans
cesse à déblayer le canal et rejettent sur le bord les sables qui

s'écroulent : le passage est étroit et enfoncé ; mais la pente abrupte permet d'apprécier la science et l'énergie à toute épreuve de celui qui a mené à bonne fin ce déblaiement colossal.

Le canal traverse alors le lac *Balakh* et atteint *El-Kantarah*. C'est par là que passaient autrefois les caravanes de Syrie en Égypte ; les Pharaons y avaient un poste fortifié contre les invasions venues d'Asie. La route continue monotone : un navire paraît-il, c'est un événement. Bientôt les rives s'abaissent : nous entrons dans le lac *Menzaleh*.

Ce lac, autrefois terre fertile, couverte de villages et de moissons ondulant au soleil, n'est plus qu'un vaste marécage, séparé du canal par une rive droite et de la mer par une simple langue de terre. Autrefois les fils d'Israël faisaient paître leurs troupeaux dans ces champs fertiles : c'était le gras pays de Gessen. Non loin de là s'élevait la puissante cité de *Tanis*, capitale des Pharaons, témoin des prodiges accomplis par Moïse. Aujourd'hui le lac Menzaleh est le paradis des chasseurs. Des oiseaux de toutes sortes, grues, ibis, cormorans, s'ébattent sur les îles touffues qui peuplent l'eau peu profonde où le poisson foisonne.

En face du lac, sur la rive opposée du canal, c'est le désert sans fin : à peine si, à de rares intervalles, un chameau dessine sur l'horizon sa silhouette ridicule. La vie s'est réfugiée à l'extrémité du canal : c'est là que s'élève *Port-Saïd*.

La ville s'annonce de loin par ses feux multicolores : le phare, le môle, le quai, tout a été conquis sur la mer par M. de Lesseps. Les plus grands navires circulent à l'aise dans ce bassin magnifique. C'est là que nous devions abandonner le nôtre.

Pendant qu'aux éclats d'une musique joyeuse nous descendons à travers l'obscurité, dans un canot ballotté par la houle,

Rade de Port-Saïd.

un large radeau chargé d'une montagne de charbon s'avance vers nous. Des hommes s'agitent sur cette maison flottante, à la lueur sanglante des torches agitées par le vent. Aux cris rauques qui s'échappent de leur noire poitrine, on dirait des diables échappés de l'enfer. Ils s'approchent du colosse qui les attend dans l'ombre, pour ranimer ses feux éteints. Pour nous, emportés comme un fétu imperceptible sur la crête des vagues, nous gagnons notre steamer à force de rames. A peine touchions-nous le pont qu'un beuglement sonore, signal du départ, monte et se prolonge dans la nuit.

Le voyage de *Port-Saïd* à *Brindisi* est aussi monotone que possible : nous sommes deux passagers, ce qui n'est pas pour l'égayer beaucoup. C'est en effet un paquebot-poste que nous avons pris et, hormis les lettres et le chien du capitaine, il ne transporte d'ordinaire que son équipage. Aménagé soigneusement pour la course, il bondit avec une agilité sans égale et nous fait gagner un jour de traversée. Mais il a une autre qualité non moins précieuse. Depuis que le choléra est à Massaouah, tous les paquebots venus de la mer Rouge traversent directement la Méditerranée pour Marseille, Londres et Hambourg; ou bien, s'ils relâchent à Malte, Tripoli et Naples, on les soumet à une quarantaine de cinq jours au moins. Nous avions pensé que les lettres et notamment la malle des Indes sont difficilement soumises à pareille épreuve, et nous espérions débarquer sans encombre avec elle. Nos calculs se réalisèrent : de Brindisi, en quelques heures, nous gagnions Naples par le chemin de fer.

A peine arrivés, on nous apprit que les passagers d'Alexandrie à Naples, au nombre desquels nous devions nous trouver, étaient condamnés à contempler mélancoliquement la côte de Sardaigne pendant cinq mortelles journées. Notre aventure prouve

28

en tout cas que la ligne droite n'est pas toujours le plus court chemin d'un point à un autre.

NAPLES

« EDERE Napoli et poi mori! » disent les Italiens : voir Naples et mourir! — Mais' ils disent tant d'autres choses!

Le vaste hémicycle sur le penchant duquel Naples est assise a trouvé de tout temps des admirateurs passionnés : il est en effet plein de grandeur et de poésie. Mais la ville! La banalité l'envahit partout. Des quais irréprochables s'allongent au bout de la vieille cité, avec des boulevards et des jardins bien peignés, comme il sied à toute ville moderne qui se respecte. Au pied du château de l'Œuf, une sorte de marais infect conserve seul le parfum d'antan : la vieille ville est auprès.

De tous côtés descendent des hauteurs vers le rivage des ruelles étroites et sombres, dont les maisons, arc-boutées par le haut, tendent d'une fenêtre à l'autre des vêtements qui sèchent et des guenilles sans nom : c'est le quartier populaire de Santa-Lucia. La population qui grouille dans ces passages sans lumière et sans air a élu domicile sur le quai : c'est là qu'elle vaque à ses affaires et aux moindres détails de la vie. Ces gens qui pêle-mêle font leur cuisine, se peignent, secouent leurs hardes, vont, viennent et crient surtout, offrent un spectacle assez réjouissant, pourvu que l'on se tienne prudemment à distance, car il faut craindre l'ennemi invisible qui guette la chair fraîche. Santa-Lucia est le

Naples.

paradis des puces. Au bord du quai, des pêcheurs débitent à
leur étalage peinturluré des *frutti di mare* : ces
coquillages, pris à jeun dans l'air frais du matin,
éveillent agréablement l'appétit.

Mais où sont les costumes éclatants d'autrefois,
les triomphantes guenilles faites de jaune, de bleu,
de rouge écarlate? Voulez-vous voir des costumes
napolitains? Promenez-vous tranquillement à Paris,
dans la rue Monge ou l'avenue de Villiers, à l'heure
où Italiens et Italiennes de tout âge, qui font profession de modèle, se présentent aux ateliers des
peintres en renom. A Naples, tout costume original
a disparu : coiffes plates, tabliers brodés de fleurs,
robes de couleur ne se montrent plus que les
jours de fête. La misère porte aujourd'hui la livrée banale et

Gendarme italien.

Sur les quais de Naples.

crasseuse qu'elle a partout ailleurs. On ne voit plus de beaux
mendiants, ni de gens fièrement drapés dans leur pauvreté.
Quelques rares bonnets de lazaroni jettent encore leur note claire

au milieu des chapeaux et des casquettes; le long du quai, les chevaux s'agitent bruyamment sous leur selle rehaussée de cuivre et ornée de grelots et de plumes. Mais c'est tout. Sous un ciel oriental, au milieu d'une superbe nature, s'agite une foule qui ressemble à toutes les autres et fait seulement un peu plus de bruit.

Élèves d'un séminaire.

Le quartier populaire de Santa-Lucia est au centre de la vie napolitaine, entre le château de l'Œuf et l'arsenal. A côté se pressent le Palais-Royal, la place du Plébiscite, le théâtre de San Carlo qui a entendu Donizetti et Rossini, la Bourse, le Château-Neuf et les deux ports militaire et marchand. C'est ici le cœur de la cité : l'ensemble est dominé par la masse imposante du château *Saint-Elme*. Cette forteresse, qui tint si longtemps Naples en respect, est maintenant une prison militaire, et ses épaisses murailles servent de promenoir aux curieux, pour contempler l'admirable panorama de la ville et du port.

Une rue s'élève de la place du Plébiscite sur le flanc de la colline : c'est la *rue de Tolède*, la plus belle de Naples. Elle conduit aux principales églises et au Musée national. Des églises il n'y a rien à dire, sinon qu'elles sont très nombreuses et se ressemblent toutes par l'insignifiance. Le *Musée national* est une des plus riches collections du monde. Aucune ne peut lui être comparée pour la quantité et l'importance des objets se rapportant à l'antiquité romaine. Tout ce que les fouilles ont tiré d'Herculanum et de Pompéi s'y trouve accumulé : statues et dieux, fresques et mosaïques, lits de table et de repos, sièges, armes, ustensiles de

cuisine et de toilette. La vie des anciens Romains est là tout
entière exposée sous nos yeux.

Mais c'est à *Pompéi* qu'il faut aller la voir dans
le cadre qui lui convient.

POMPÉI

Si vous quittez le chemin de fer de Pompéi, à Torre
Annunziata, un léger *corricolo* vous jettera dans un
tourbillon de poussière à la porte des ruines, en moins
d'une demi-heure : la course vaut la peine qu'on la
fasse. Pompéi possède une petite gare à deux cents pas
de la maison de Diomède; mais cette arrivée manque
absolument de couleur. Il faut tâter du corricolo. C'est
une voiture à deux places, chacun sait cela; mais, en se
serrant un peu, on y loge quatorze. N'oubliez pas de
faire monter les gens sur la route, et surtout un capucin, si vous
avez l'heur d'en rencontrer. Vous ne le regretterez pas, pourvu
qu'en mettant pied à terre vous ayez soin de vous secouer
énergiquement.

L'éruption du Vésuve qui, en 79, engloutit Pompéi dans trois
ou quatre mètres de pierre ponce et de cendres, saisit en pleine
vie deux mille infortunés que la crainte, le désir de sauver leurs
biens ou tout autre embarras retint enchaînés au dernier moment.
Presque tous ont disparu, calcinés dans le four brûlant : on n'a
retrouvé qu'une centaine de cadavres dont la figure et les membres
tordus racontent la suprême angoisse. Pompéi comptait près de
trente mille habitants. Ceux qui eurent le bonheur d'échapper à la

mort revinrent après la catastrophe explorer les cendres et enlever ce qu'ils avaient de plus précieux. L'albâtre et le marbre des édifices furent emportés avec les plus belles statues. Ainsi Pompéi n'existait presque plus, quand de nouvelles éruptions vinrent la faire complètement disparaître.

L'antique cité dormit ainsi douze siècles, oubliée sous un épais linceul de cendres. Des fouilles heureusement pratiquées l'ont rendue de nos jours à la lumière.

C'est une vision bien étrange que ce cadavre de ville étendu silencieux dans l'état où la mort l'a saisi. Tout un monde reparaît avec lui. Dans cette rue qui monte, il semble que les chars vont suivre encore les profondes ornières. De chaque côté, des trottoirs élevés mais étroits dominent la chaussée et, de distance en distance, un barrage de pierres permet aux piétons de la traverser. Mais ces grands murs qui enferment la rue comme un long couloir ne sont pas faits pour l'égayer : à peine si quelques ouvertures percées bien haut, à l'abri des regards curieux, laissent filtrer à l'intérieur un peu d'air et de lumière. Les anciens Romains, comme les Orientaux d'aujourd'hui, défendaient avec un soin jaloux le secret de leur vie privée : tout le luxe de leurs maisons était à l'intérieur ; le dehors est froid et sans ornement.

Mais voici une salle ouverte sur la rue : c'était une boutique d'huile et de vin ; des amphores sont encore sur la table de pierre. Plus loin, voilà une boulangerie : le four subsiste et, à côté, les moulins en grès pour broyer le grain ; on y trouve même des restes de pain calciné.—Ah ! une affiche ! Nous qui pensions avoir inventé cela. C'est une réclame pour les élections au conseil de la ville. Voici le double serpent enroulé, porte-respect pour éloigner les indiscrets (Il est défendu de...). Entrons dans cette maison : c'est ici qu'habitait l'historien Salluste. A l'entrée, le « *Cave*

Ruines de Pompéi.

canem » obligatoire (prends garde au chien). Le vestibule conduit dans l'*atrium*, sorte de cour carrée à ciel ouvert, entourée de portiques ; au milieu, un bassin, l'*impluvium*, reçoit l'eau de pluie et alimente une fontaine jaillissante. Cette cour à l'air devait être pleine de fraîcheur. Au fond, voici le *tablinum*, salle où le maître de la maison reçoit ses amis et traite ses affaires. En arrière, une autre cour, le *peristylium*, semblable à la première, avec un jardin au milieu ; puis une salle commune, l'*œcus*, où la famille se réunit.

On couchait dans des chambres ouvertes par une porte basse autour du péristyle et de l'atrium. Les plus grandes de ces chambres à coucher sont de vrais nids à rats, et le lit le plus rudimentaire aurait peine à y tenir.

Les anciens n'avaient pas du confortable les mêmes idées que nous. On est frappé de la petitesse de leurs habitations : les jardins intérieurs sont enfantins. C'est qu'un Pompéien restait peu chez lui et vivait surtout de la vie publique : de bonne heure, le matin, il se rendait au Forum ; les plaisirs et les affaires, l'amphithéâtre et la basilique le retenaient une grande partie du jour. Il allait se délasser dans les thermes, s'exercer au gymnase, ou bien se récréait dans une bibliothèque publique et se promenait sous les portiques en causant avec des amis. Aussi, quoique les habitations particulières fussent presque toujours décorées avec goût, ornées de fresques et de statues, les édifices publics avaient pris aux peintres et aux sculpteurs le meilleur de leur talent, comme ils prenaient au Pompéien le meilleur de sa vie.

Le *Forum* a grand air avec son immense cour dallée entourée de portiques. Au fond s'élevait le temple de Jupiter et dans l'espace libre du milieu se dressaient vingt-deux statues d'empereurs et de citoyens illustres. Du temple et des portiques

il ne reste que des colonnes inégalement brisées : les socles
ébréchés n'ont plus de statues. Une tristesse pénétrante se dégage
de ce grand espace vide et muet où battait autrefois le cœur de
la cité. Non loin du Forum s'ouvre la Basilique : c'est là, dans
l'hémicycle du fond, que siégeait le tribunal. Le reste de la salle
était occupé par des marchands et des banquiers : on s'y promenait en causant d'affaires.

Que dire des temples de Mercure et d'Auguste? Ils sont
affreusement mutilés : tout ce qui dépassait le niveau des cendres
a servi de carrière de marbre. Le temple d'*Isis* est des mieux
conservés : il ne manque pas de grâce. A côté, le grand théâtre
montre encore ses trois rangs de gradins en demi-cercle :
au fond, derrière le terre-plein réservé à l'orchestre, la scène
étroite et longue; dans les murs, des trous pour recevoir les
poutres sur lesquelles on étendait le *velarium* entre la tête des
spectateurs et les rayons ardents du soleil. Les Pompéiens tenaient
sans doute de leur origine grecque un goût particulier pour la
scène; car à côté du grand théâtre s'en élevait un autre plus petit,
recouvert d'un toit de bois. Les sièges sont vides, mais il semble
qu'ils attendent les spectateurs : on se croirait entre deux représentations.

Rien en effet n'éveille comme Pompéi l'image de la vie
antique. Dans chaque maison, l'œil inquiet cherche le maître;
près de chaque fontaine, au détour de chaque rue, on s'écarte
involontairement, comme pour éviter quelqu'un qui passe. L'illusion est complète, profonde; mais le rêve ne dure pas. Tout est
mort, et il s'élève de ces rues désertes, de ces temples effondrés,
de ces maisons silencieuses une mélancolie indéfinissable.

Par un contraste saisissant, la nature a déployé près de ce
tombeau le paysage le plus riche et le plus gracieux. Des hauteurs

de Pompéi le regard plonge sur un golfe, dont les eaux transparentes découpent sur le rivage des corbeilles verdoyantes et fleuries. *Castellamare* fait oublier l'infortunée Stabies ensevelie comme Pompéi sous les cendres du Vésuve. Plus loin, *Sorrente* s'élève dans le ciel bleu, au milieu des orangers, à 50 mètres au-dessus de la mer. C'est la patrie du Tasse : un poète ne pouvait mieux choisir. Au delà de Sorrente, la côte s'incline en profilant à gauche ses massifs de myrtes et d'oliviers jusqu'à la *Punta di Campanella*. Cette pointe verdoyante portait autrefois un temple en l'honneur de Minerve, que la tradition attribue au pieux Ulysse. Charles-Quint remplaça le temple par une tour fortifiée contre les corsaires barbaresques; une cloche dénonçait bruyamment leur arrivée : de là son nom de Punta di Campanella. En face, l'île de Caprée élève à près de 300 mètres ses falaises au-dessus des flots. Auguste aimait cette île pour son climat délicieux et sa fécondité : les oliviers, les raisins, les fruits de toute sorte s'y trouvent en abondance. Aussi le fondateur de l'empire avait-il fait de Caprée son séjour de prédilection. Plus tard, Tibère y vint chercher la sécurité et le secret. L'île n'a guère changé depuis. Comme une citadelle au milieu des flots, elle offre aux voyageurs curieux l'admirable spectacle de sa végétation et les surprises de la grotte merveilleuse que les vagues ont creusée dans ses flancs : le bleu limpide du ciel et de l'eau s'y reflète comme dans un miroir et la font ressembler à un palais de fées.

LE VÉSUVE

ous revenions, le cœur en fête, dans la brise embaumée du soir. Mais il n'est point de joie en ce pays privilégié que ne trouble l'obsession funèbre du Vésuve. Au sortir d'un bois d'orangers, nous aperçûmes, tranchant dans l'ombre, comme une blessure sanglante. La lave coule toujours au flanc du Vésuve : peut-être le monstre prépare-t-il quelque catastrophe nouvelle, semblable à celle de 79. Le Vésuve ne compte plus ses victimes. Depuis ce sinistre début, ses accès sont fréquents. En 1631, il poussa jusqu'à Tarente

Sur la route de Naples.

des nuages de fumée et de cendres; des pierres énormes tombaient à 20 kilomètres. Cinq villages et trois mille hommes furent brûlés vifs dans le torrent de lave. En 1779, des pierres de 100 livres, rougies comme au feu d'une forge infernale, furent

projetées à 700 mètres de hauteur. On compte en ce siècle
dix éruptions jusqu'au mois de janvier 1871. La dernière durait
depuis plus d'un an quand, le 26 avril 1872, un torrent de lave
jaillit sous la poussée d'une force incalculable et s'étendit sur
2 kilomètres de large avec une hauteur de 6 mètres. En même
temps, la gueule du volcan vomissait jusqu'à 2500 mètres des
cendres mêlées de pierres et des scories incandescentes. Depuis
longtemps le monstre n'avait pas montré tant de rage. A présent,
il se repose comme épuisé par cet effort, mais il médite sans doute
quelque nouvelle hécatombe; le filet sanglant qui coule là-haut,
dans la nuit, ne permet pas de l'oublier.

DE NAPLES AU CAP MISÈNE

E Vésuve n'est qu'un puits de ce long souterrain
volcanique qui mine comme un foyer mouvant tout le golfe de Naples. De la ville
jusqu'au cap Misène le sol est calciné; partout des sources chaudes, des jets de vapeurs
brûlantes, des volcans éteints dont le cratère
a cessé de gronder depuis que le Vésuve
s'est fait entendre. Le *Pausilippe* et ses villas
dominent le lac d'Agnano, cratère desséché
de 3 kilomètres de tour, dont les effluves malsains soufflent la
fièvre aux environs. Tout près, la *Solfatare* fume encore; les
collines de pierre ponce qui entourent son cratère se fendillent
et laissent échapper par de nombreuses crevasses des émana-
tions sulfureuses.

Pendant une des rares accalmies que l'on signale dans l'histoire tragique du Vésuve, le feu intérieur qui dévore le pays se fraya une route nouvelle et, par un effort de géant, souleva le *Monte Nuovo*. Le lac *Averne* et le lac *Lucrin*, réunis par Agrippa, furent séparés du coup. Horace a vanté les huîtres du lac Lucrin : la digue qui séparait le lac de la mer s'est enfoncée dans les flots; mais elle est visible encore. On l'appelle Via Herculea, du dieu qui la suivit, dit la fable, en emmenant les bœufs de Géryon. Tout l'équilibre du pays fut bouleversé par l'explosion du Monte Nuovo. *Pouzzoles*, l'antique cité grecque, s'enfonçait dans les flots comme la digue de Lucrin : elle se redressa, et les colonnes du temple de Sérapis, rongées par les mollusques à une profondeur de 7 mètres, sortirent de l'eau pour disparaître sous une avalanche de décombres. Le mouvement qui inclinait Pouzzoles vers la mer a maintenant repris son cours. *Pouzzoles* et *Baïes* se regardent à l'entrée du golfe, dont le lac Lucrin forme le fond. Caligula voulut, dit-on, se donner le plaisir de le traverser sur une digue gigantesque, revêtu de l'armure d'Alexandre le Grand. Cette folie n'a point laissé de traces. Baïes était le plus célèbre des bains de l'antiquité ; d'opulentes villas baignaient leur pied au loin dans les flots. Sur le penchant de la colline, dans une vue admirable, les empereurs avaient une villa. Construite par Jules César et habitée par Auguste, elle vit mourir son neveu Marcellus, l'espoir de sa famille et de l'empire. Cette villa de *Bacoli*, si les ruines parlaient, pourrait raconter bien des choses étranges. Elle entendit Néron concerter avec un affranchi, devenu grand amiral, le meurtre de sa mère. On sait comment Agrippine, entraînée sur un bateau à fond mobile vers le lac Lucrin, parvint à se sauver des flots. Néron fut contraint de la faire assassiner.

Les souvenirs tragiques abondent ici. Au pied de Bacoli s'enfonce le port militaire construit par Agrippa pour la flotte romaine. C'est de là que partit le commandant en chef, Pline l'Ancien, pour aller observer à Stabies l'éruption du Vésuve au milieu de laquelle il trouva la mort. L'ancien port militaire est coupé en deux par une digue, qui dessine à l'approche de la côte une sorte de lac intérieur appelé *Mare Morto*. La pointe de *Misène* s'allonge en avant du port extérieur, comme un brise-lames géant au milieu des flots; ce cap, ainsi que la Punta Campanella qui lui fait face à l'autre extrémité du golfe, a une histoire légendaire. Virgile y place le tombeau de Misène, trompette d'Énée : la tradition voulait que ce tumulus fût le tombeau de quelque dieu.

Costumes de Cagliari.

Nulle part autant qu'ici les souvenirs ne se pressent, glorieux et touchants à la fois. Cette terre nourricière de la civilisation gréco-latine a été chantée, comme un paradis, par les poètes : Homère et Pindare, Virgile et Horace en ont décrit les charmes en des vers immortels. Les empereurs y vivaient avec délices, au milieu des orateurs, des artistes, de tout ce que Rome comptait de plus illustre au beau temps de l'empire. Le cœur du monde battait ici. Mais le contraste de ces glorieux souvenirs avec les ruines accumulées sur le sol, l'opposition toujours présente des beautés et des ravages semés à profusion par une nature exubérante agitent l'âme de mouvements contraires et la pénètrent d'une troublante émotion. Ici tout est contraste : la vie et la mort se heurtent, l'une mettant à recréer autant d'activité que l'autre à détruire. Sous la poussée du feu intérieur, comme dans une serre, les arbres grandissent, se développent à plaisir; les fleurs se parent de couleurs sans pareilles; les fruits sont exquis et ruissellent de miel. Mais le feu qui les anime peut les dévorer en un instant : les jardins seront changés en déserts, les palais en décombres. Il semble même que la nature ait voulu pousser jusqu'au bout l'opposition, en donnant pour hôtes à cet admirable pays des gens qui semblent prendre à tâche de le faire oublier. On dirait des sauterelles dévorantes qui se seraient abattues sur une riche moisson. Quelle contrée poétique! Mais que les gens le sont peu!

UNE POÉTIQUE TRAVERSÉE

unis doit être pour les Napolitains aux antipodes; car je voulus avant de partir envoyer une dépêche à Kairouan, capitale religieuse de la Tunisie, deuxième ville sainte du monde musulman, et dans trois bureaux télégraphiques il me fut répondu que Kairouan n'existait pas. J'eus beau montrer la carte, ces gens l'avaient perdue : rien n'y fit. Je pris donc le parti de porter ma dépêche moi-même.

On se rend de Naples à Tunis par la Sicile et Malte : la route est fort intéressante. Mais, je crois l'avoir dit, la quarantaine nous guettait dans ces parages.

Nous prîmes par la Sardaigne et Cagliari. Un Sarde campagnard s'y rendait en même temps que nous. C'était plaisir de voir le petit bonhomme frétillant, avec sa large culotte courte, son petit jupon descendant à mi-cuisse, sa veste en poil de chèvre et son bonnet pareil. Si tous les Sardes lui ressemblent, la fièvre et la rude vie des montagnes les ont mis en bel état !

Grand branle-bas à Cagliari: nous fûmes empilés sur un nouveau bateau. Qui

Pêcheurs de Cagliari.

n'a pas fait la traversée de Cagliari à Tunis ignore une des joies de l'existence. Les chiens hurlent à fendre l'âme quand on les enferme dans la niche grillée d'un wagon; je crois qu'ils mordraient ici. Par privilège et à force de diplomatie nous obtînmes une cabine à deux places donnant sur la salle à manger. Entre le bord des deux grabats superposés qui devaient nous servir de lit et le rideau qui les sépare du public, il y a juste de quoi mettre les deux pieds. Le premier grabat touche le sol, l'autre le parquet du pont. Pour s'introduire dans ce perchoir primitif, il faut, par un prodige de gymnastique, s'étendre sur le bord, comme une planche, et glisser à plat dans l'intérieur. Impossible, après cela, de remuer; encore moins de changer de côté : l'épaule touche au plafond. « Pourvu, me disais-je avec mélancolie, à chaque fois qu'un lourd pied de

Retour de fête.

marin me faisait frémir le bout du nez, pourvu que le parquet du pont soit solide! » Miséricorde! à ce moment je sentais une horrible piqûre. De charmants insectes avaient élu domicile avant nous dans cette bicoque vermoulue. Se sentir dévorer vivant sans pouvoir remuer d'une ligne est un terrible supplice. Enfin, après un long martyre, mon bourreau, sans doute repu, me laissa sommeiller.

Tout à coup une voix se fait entendre; une porte se ferme avec fracas, les hublots grincent sur leurs gonds rouillés. Bientôt un hoquet sonore, un râle profond, un cri, une plainte étouffée se font écho dans tous les coins : la baraque gémit sur ses ais mal ajustés. Quelle nuit délicieuse nous avons passée sur le *Canova!*

Dirai-je notre déjeuner dans cette immonde boutique : les assiettes armoriées de doigts imprégnés dans la crasse, le vin noir et pesant comme de l'encre, le macaroni déroulant ses fades replis, jaunes de graisse et de poussière! Dans un coin soupire sur des matelas entassés une masse gélatineuse qu'une toux grasse soulève en soubresauts répétés. L'odeur aigre qui se dégage de ce personnage évidemment fatigué est si forte que, toutes fenêtres ouvertes, le bout de la table reste désert. L'entrée de la salle d'ailleurs vaut le reste : car la porte donne le bras à une autre porte toujours ouverte, mais qui déploie sans honte une perspective tout autre que celle d'une salle à manger. Personne n'a l'air de s'en douter.

Au dehors le soleil brille; les marsouins de folle humeur bondissent autour de nous en faisant jaillir mille paillettes d'argent ; la brise d'Afrique souffle chaude et parfumée.

Voici la pointe de *Carthage* et la cathédrale de Saint-Louis qui découpe sa coupole sur l'azur du ciel. L'œil curieux scrute en vain ce rivage pour y découvrir les restes de la grande cité qui le couronnait autrefois. Carthage n'a presque pas laissé de restes : quelques débris semblables à des pierres, échoués là par hasard, en conservent seulement le souvenir. Le port de Carthage s'étendait jusqu'en face de Tunis ; les maisons blanches de la Goulette indiquent à peu près la limite du cercle immense qu'elle remplissait du tumulte de son négoce.

Bientôt la Goulette sera unie à Tunis par un canal praticable aux grands navires, et les voyageurs débarqueront à terre, en pleine avenue de la Marine. Les travaux sont commencés, la digue qui ouvre le canal dans la mer est construite. Il n'y faut plus qu'un peu de persévérance pour nous délivrer de la tyrannie de cette brouette à vapeur, qui a la prétention de s'appeler le chemin de fer de la Goulette à Tunis.

X

EN TUNISIE

~~~~

LA GOULETTE

ᴇs gros paquebots n'accostent pas à la Goulette ; il faut héler une barque et se faire conduire à terre. A peine débarqués, une nuée de gamins arabes et juifs, déguenillés et malpropres, nous assaillent, se précipitent à l'assaut de nos bagages : « Sidi ! Mousi ! — Moi portir ! — Moi forsa besef ! »

Par un étroit chemin frayé à travers ces dépenaillés nous gagnons la jetée étroite. Des canons d'aspect formidable y allongent leur gueule par-dessus le parapet, du côté du large. Ces vieux serviteurs n'ont pu se résigner à l'oubli : la Goulette dort tranquille à côté d'eux.
~~~~

Comme nous arrivions sur une petite place agréablement ombragée de tilleuls, un spectacle étrange nous surprit. A gauche se dresse une noire forteresse, gardée par un poste de soldats beylicaux : de l'intérieur partent des bruits de chaînes traînées sur le pavé, de portes fermées à grand renfort de verrous, de clefs énormes grinçant dans de puissantes serrures. C'est le bagne! Enchaînés deux à deux, par les pieds et la ceinture, à l'aide d'une grosse chaîne, les forçats vont à la corvée. Admirez l'esprit ingénieux qui préside à l'emploi de leur temps. Armés, celui-ci d'une pelle, celui-là d'un balai, ils poussent tour à tour la brouette : ce sont les balayeurs de la rue.

Types tunisiens.

La ville de la Goulette s'allonge pimpante au soleil jusqu'au *Kram*, groupe de villas perdues dans les vertes frondaisons C'est là que les Arabes fortunés et les riches colons viennent, au temps des grandes chaleurs, s'endormir dans un doux farniente. La plage est verte et charmante. On la quitte à regret pour courir les hasards de l'épileptique chemin de fer italien qui conduit à Tunis.

Après une pointe vers *la Marsa*, résidence d'été de S. A. S. le bey, la ligne côtoie le lac (*El Bahira*), toujours cahotant et fleurant bon le marais. Au-dessus de nos têtes, bien haut dans les airs, passent quelques envolées de flamants roses; plus loin, nous les admirons perchés au bord du lac ou aux environs de son île Chikly, sur leurs longues échasses du plus vif incarnat.

TUNIS

UNIS nous accueille comme la Goulette, avec le même empressement; un *hammal* saisit nos quatre valises et, à l'aide d'une courroie passée sur son front, les enlève comme une plume. Allons-nous voir ici les prodiges de force musculaire dont les Turcs nous ont donné tant d'exemples à Constantinople? Notre homme et son fardeau vont un train d'enfer sous le soleil brûlant : la route, heureusement, n'est pas longue; en cinq minutes nous sommes rendus.

L'occupation de la Tunisie par nos troupes est une histoire trop récente pour qu'on la rappelle : nous en ressentîmes, le soir même de notre arrivée, une vive impression. C'était l'heure du dîner. Tout à coup, une musique guerrière éclate, et, mus comme par un ressort, nous voici dans la rue. Les zouaves passaient : leur allure martiale, ces mâles figures coiffées du turban fièrement campé sur l'oreille, les torches qui éclairent de flammes fantastiques le pantalon rouge, les clairons et les tambours, ce tourbillon lumineux et bruyant filant dans la nuit, nous entraîne parmi la foule, poussière vivante ramassée sur la route par le brillant météore. Une troupe animée d'Européens et d'Arabes suit au pas de charge : nous allons sans savoir où, puisque,

Soldats tunisiens.

arrivés le soir même, Tunis est encore pour nous l'inconnu. Mais ces zouaves, cette musique, cette marche joyeuse, c'est la France! Le lendemain nous reconnûmes avoir atteint l'extrémité de la ville.

Tunis étouffait, il n'y a pas longtemps encore, entre les murs d'une double enceinte reliée à la *Kasbah*, point central et dominant. L'enceinte intérieure, ligne rompue de murs lézardés et de tours branlantes, a fait place au boulevard Bab-Djézira et à la rue des Maltais. Un tramway se promène gaiement d'un bout à l'autre des remparts qui s'écroulaient sous les pieds des soldats beylicaux. L'enceinte extérieure, construite au commencement de ce siècle, enveloppe les deux faubourgs de Bab-es-Souïka et de Bab-Djézira : elle sert surtout à remplir l'intervalle des portes. La Kasbah, qui relie toutes ces défenses, domine la ville de sa masse rectangulaire étagée sur d'épaisses murailles. Elle sert maintenant de caserne à la garnison française.

Arabe.

La *Kasbah* occupe le point culminant de la pente qui s'élève doucement entre le lac El Bahira et le lac Salé ou *Sebkra-Sedjoumi*. Ces deux lacs constituent encore, à l'est et à l'ouest, la meilleure défense de Tunis. La Kasbah est dominée par les hauteurs environnantes. Du temps qu'ils occupaient la ville, sous Charles-Quint, les Espagnols l'avaient entourée de forts détachés. Ces forts, même réparés, ne seraient pas capables de tenir contre l'artillerie d'aujourd'hui. Seul, le fort Ben-Hassen peut être considéré comme le mont Valérien de Tunis : il commande, à l'est, la ville, le port et le chemin de fer de *Hammam-Lif*.

Mais Tunis, ville de commerçants et de riches bourgeois, ne songe pas à la guerre. Notre protectorat ouvre à ses transactions, à son industrie et à son agriculture des horizons qui ne sont pas pour lui déplaire.

A côté de la ville indigène s'élève une ville tout européenne : *l'avenue de la Marine*, splendide boulevard planté d'arbres, qui va du port à la porte de France, en est l'artère principale. De chaque côté de l'avenue, des rues nouvellement tracées commencent à se border de maisons : l'une d'elles, celle qui, sortant de la gare de la Goulette, coupe à angle droit l'avenue de la Marine, conduit aux bureaux de la Compagnie transatlantique,

A la fontaine.

au marché Neuf (*Fondouk-el-Gallah*) et à la gare du chemin de fer français de Bône-Guelma. Tout près, entre la gare et le lac, le Jardin botanique, planté par la Compagnie.

Le mouvement est dans l'avenue de la Marine. Quand les gros navires débarqueront à son extrémité marchandises et voyageurs, la nouvelle Tunis brillera d'un vif éclat. Des maisons

Un cireur.

superbes s'élèvent déjà le long de l'avenue : les cafés sont nombreux et vivants; les hôtels, les postes et télégraphes, et surtout la résidence du ministre de France donnent à cette partie de la ville une animation extraordinaire. Les camelots abondent à la terrasse des cafés et en revendraient aux nôtres; les cireurs de bottes sont légion, et si persuasifs, si entreprenants, qu'ils cireraient, à défaut d'autre chose, le burnous d'un Arabe plutôt que de ne rien cirer du tout. Jusqu'où peut pousser l'amour des caroubes !

De la porte de France, *Bab-Bahar*, s'ouvrent en éventail, à gauche, la rue Bab-Djézira, à droite, la rue des Maltais. Ces deux rues ont l'aspect européen et enserrent, comme dans des pinces, la vieille cité arabe. Pour y pénétrer, en partant de la petite place qui s'abrite derrière la porte de France, il faut prendre à gauche la rue de l'Église ou à droite la rue de la Kasbah : la première conduit aux souks (bazars), la seconde en plein quartier juif.

LES BAZARS

Les *souks* de Tunis ressemblent à tous les bazars d'Orient, avec peut-être plus de couleur et d'originalité. Les boutiques succèdent aux boutiques dans la pénombre des voûtes fraîches qui se mêlent, dans un désordre pittoresque, autour de la principale mosquée de Tunis, la Djamâa-ez-Zitouna (mosquée de l'Olivier). Les marchands ont ainsi sous la main le temple où les prescriptions du Coran les obligent de se rendre plusieurs fois par jour : les affaires en souffrent moins. Il est difficile de se diriger dans les souks; mais la promenade au hasard procure des surprises délicieuses, pourvu toutefois que, du premier coup, vous envoyiez promener d'une façon catégorique les parasites qui ne manquent pas de s'abattre sur vous, dès l'entrée.

Les marchands de parfums sont les plus riches bourgeois de Tunis. Du souk des parfums on arrive à celui des tailleurs (*souk Ettrouk*) et à celui des étoffes qui traverse le bazar d'un bout à l'autre. L'industrie des étoffes a beaucoup souffert de la concurrence européenne : les métiers primitifs dont se servent les tisseurs arabes ont dû céder le pas aux machines compliquées et délicates

UNE RUE DE TUNIS.

qu'emploie notre industrie. On fabrique à Lyon et à Tours des
soieries qui valent celles de Tunis par la richesse du coloris et du
dessin, mais les prix en sont bien inférieurs. Aussi beaucoup
d'étoffes qui se vendent à Tunis sont-elles françaises d'origine.
Il y a quelque chose de plus fini dans le travail de l'artiste
tunisien, mais que de peine pour arriver à ce résultat!

On fabrique à Tunis des étoffes de laine et de soie rayées.
Le voile dont s'enveloppent les femmes de la tête aux pieds,
pour sortir dans la rue, est fait d'un tissu extrêmement délicat. Les
haïks, les ceintures, les *gandourahs* (1) luttent de finesse. La
chechia, qui est la coiffure nationale, ressemble à une coupole
affaissée; elle est rouge et ornée d'un long gland de soie bleue.

Autrefois Tunis fabriquait en quantité innombrable les fez
et les chechias. Les artistes tunisiens n'ont conservé que le
monopole des chechias de prix, richement brodées. Les étoffes
communes, couvertures rayées rouge et blanc, venant de Djerba
ou de Gafsa, se vendent dans toutes les rues. Les marchands
circulent, portant sur leurs épaules un volumineux étalage.

Tunis a aussi ses marchands de vieux habits : ils se tiennent
dans un quartier spécial des souks; et c'est vraiment un spectacle
curieux de voir les vieilles femmes (les jeunes restent à la maison),
accroupies le long de la rue et le voile pudiquement rabattu sur
leurs vieilles faces ridées, discutant le prix, palpant les étoffes,
vendant, achetant les objets les plus disparates. La foule, d'ailleurs,
est tellement épaisse qu'il faut être en Orient pour ne pas être
écrasé. On se pousse, mais doucement; on fend la foule, mais
pas de cris ni de coups : chacun finit par arriver.

Et quelle couleur dans ces rues du bazar! Notre ami

(1) Vêtement de dessus à manches, ouvert sur la poitrine et tombant au-dessous
du genou.

Mohammed se prélasse dans une gandourah d'étoffe d'or; d'autres sont vêtus de violet, de rose, de vert pomme, de couleur saumon.

Types tunisiens.

Toutes ces teintes, adoucies par la lumière tamisée qui tombe des voûtes, s'harmonisent d'une façon charmante avec l'or des étoffes et l'éclat des armes qui brillent à la porte des boutiques. Si vous entrez, on vous conduit dans l'arrière-boutique; le café est servi, et, tranquillement assis sur un siège moelleux, vous examinez à loisir les trésors que le marchand déploie sous vos yeux. Cela se passe ainsi presque en famille. Mais prenez garde : sous leur bienveillance pleine de bonhomie, les Tunisiens ont hérité de leurs ancêtres carthaginois une remarquable aptitude aux affaires. Vous croiriez, à les entendre, qu'ils se ruinent pour vous être agréables; mais, s'il y a quelqu'un d'attrapé, c'est vous, soyez-en sûr.

Il semble que les Arabes aient horreur de la symétrie : rien dans la même rue ne se ressemble; c'est une surprise à chaque pas. Ici, une porte de mosquée auprès d'une boutique; plus loin, une fontaine; là, un café sous un portique dont les colonnes peintes en rouge et vert se dessinent dans la pénombre : les consommateurs y sont nombreux, assis sur des nattes ou étendus sur des sièges garnis d'un coussin. La mosquée, le café et le bain prennent au Tunisien une partie de sa journée.

A l'extrémité du souk Ettrouk, en tournant à droite, on arrive au coin du *Dar-el-Bey*, résidence officielle de S. A. S. le bey de Tunis. Le palais ne sert que pour les grandes réceptions.

Entrée du souk des selliers.

S. A. S. le bey y vient toutes les semaines. Au rez-de-chaussée,
le tribunal attire un va-et-vient considérable : on peut y faire de
curieuses études de physionomies et de costumes. Le palais
renferme, au-dessus, quelques salles remarquablement ornées de
ces sculptures légères, fouillées dans le plâtre, qui se suspendent
aux voûtes des appartements comme un voile de fine dentelle.

Dans la rue qui longe, à l'ouest, le Dar-
el-Bey, s'élève une petite mosquée dont
le minaret gracieux orné de faïences
dresse sa couronne verte au-dessus des
souks. Nulle part les colonnes enroulées
de filets verts et rouges n'abondent autant
que dans cette petite rue : elle est charmante. Là, près d'une fontaine et sous
l'ombre d'un grand arbre, se cache modestement la petite coupole d'une *zaouïa;*
il est rare que la dévotion n'y amène pas
quelque fidèle.

Ce coin est plein de fraîcheur : nous
y avons passé de longues heures à voir le
mouvement des gens vers la fontaine ou
la figure vénérable de quelque croyant
attardé sur le seuil de la zaouïa : il égraine
son chapelet ou récite des centaines de
fois la même formule sacrée, pendant
que lès artisans d'à côté frappent bruyamment leurs planches sans le distraire et
que les chevaux se cabrent et hen-
nissent joyeusement après avoir longuement aspiré l'eau claire.

Les *zaouïas* et les *koubbas*, tombeaux élevés sur les restes de saints marabouts, sont nombreuses dans Tunis : nous en avions remarqué une en pleine rue, dans le souk des parfums; il nous fut donné d'en rencontrer une autre en terminant par un long détour notre promenade à travers le souk des selliers. Rien n'est plus brillant que ce coin du bazar : l'or étincelle en mille paillettes sur les sacs, les harnais et les cuirs de toutes couleurs; les glands rouges, violets, verts et jaune feu ajoutent leur note éclatante à cette gaie chanson des couleurs. On a fait aux selliers de Tunis une réputation d'habileté qui semble justifiée : personne comme eux ne sait confectionner les harnais de luxe. Les yeux sont littéralement éblouis lorsqu'on quitte leur quartier. Sur le seuil,

Harnachement tunisien.

comme un fidèle gardien, repose un saint marabout dans son tombeau de pierre, à l'ombre d'un vieux mûrier, arbre sacré comme celui dont il défend les restes contre les rayons ardents du soleil.

C'est un des charmes de Tunis que ce mélange de verdure et de pierres à la blancheur éclatante, assemblées comme par hasard sous l'azur profond du ciel par la main de fée d'une capricieuse et poétique nature.

LA VILLE ARABE

Il faut se promener à l'aventure dans les rues du quartier arabe, pour en goûter l'imprévu et le pittoresque. La ligne droite est inconnue ; les maisons se sont placées comme elles ont pu, les unes avançant leur angle au milieu du chemin, d'autres s'éloignant pour trouver loin du bruit le mystère et le calme. Quelquefois, on construit au-dessus de la rue. Voyez comme celle-ci s'enfonce sous une voûte longue et fraîche ; plus loin, c'est une simple arcade qui s'arrondit en arc de triomphe au-dessus des passants. La fantaisie règne ici en maîtresse, comme dans les broderies et les dessins des artistes. De tous côtés, les fenêtres avancent leurs grilles vertes. Nous sommes loin des treillis élégants et riches des mashrébiyéhs du Caire : mais que cette niche verte tranchant sur la blancheur des murs est pleine de fraîcheur ! Des plantes s'y attachent et grimpent le long des terrasses, ou bien s'épanouissent en bouquets de fleurs. Partout où une graine a pu trouver un peu de terre et d'ombre, dans les fentes des murs, sous les arcades, au coin des rues, elle pousse joyeuse. Les arbres se placent où ils peuvent, comme les plantes et les maisons : nous en avons vu au milieu du chemin.

L'un des coins les plus pittoresques de Tunis est certainement le carrefour qui s'ouvre près du tombeau des beys. La rue débouche sous une arcade : au-dessus, la fenêtre verte d'une maison ; à droite, une coupole en faïence d'un vert profond, qui abrite, entre des murs d'une blancheur aveuglante, les restes des beys de Tunis. On se demande comment les voitures peuvent circuler dans cet étroit espace, fermé en son extrémité par l'angle d'une boutique. Comme mon camarade, assis sur une borne, dessinait ce coin charmant, des enfants vinrent examiner la toile par-dessus son épaule. L'un d'eux, un loustic plus malin que les autres, s'avisa de dessiner le dessinateur. Nous donnons plus loin un spécimen de son talent : il est signé « Mohammed ». Cela n'engage pas son avenir; ils s'appellent tous ainsi. Le Coran défend aux fidèles de représenter des figures d'hommes ou d'animaux; de là vient que les peintres s'ingénient à varier leurs dessins en multipliant au milieu des fleurs les détours de leurs gracieuses arabesques. On ne peut que regretter les exigences religieuses du Coran et l'usage qui en découle. Les Arabes ont l'esprit très ouvert aux choses artistiques et une merveilleuse facilité d'assimilation. On trouverait parmi eux plus d'un artiste.

Quartier Juif à Tunis.

La population de Tunis compte parmi les plus éclairées du

monde musulman. Les écoles ne lui manquent pas : outre le collège *Sadiki*, où l'on donne l'enseignement complet, les enfants

intelligents — et ils sont nombreux — peuvent apprendre notre langue, s'instruire dans les arts et les sciences au collège *Saint-Charles*, fondé par Mgr Lavigerie, à côté de la cathédrale Saint-Louis, sur l'avenue de la Marine. Ce collège compte près de trois cents élèves; le collège Sadiki, à peu près cent cinquante. Mais les écoles élémentaires sont multipliées. De tous les musulmans, les bourgeois de Tunis sont peut-être les moins éloignés de notre civilisation et les plus capables de s'assimiler ce qu'elle a d'utile pour eux.

Les Arabes de tout temps ont compté parmi eux des poètes et des conteurs. Tunis n'a garde de manquer à la tradition.

Nous revenions charmés de notre promenade à travers la cité arabe, quand, tout près de la porte *Bab-Djedid*, au débouché de la rue Bab-el-Menara, nous rencontrâmes un groupe de gens aux costumes multicolores, assis en cercle et suspendus aux

Mendiant tunisien.

lèvres d'un poète du cru. C'est un vieillard déjà : sa voix grêle traîne, lentement, aux sons précipités d'une espèce de guitare primitive. Il chante sans doute quelque aventure joyeuse, car la figure de ses auditeurs est visiblement épanouie. Parfois le chant cesse, et le conteur entreprend un long récit semé d'aventures merveilleuses et plaisantes ; à la moindre saillie, les figures bron-

Un conteur.

zées de son auditoire éclatent en un franc rire qui laisse briller une large rangée de dents blanches. Rien d'amusant comme cette scène : on devine, sans rien comprendre aux paroles, les sentiments qui agitent ces hommes à la fibre si sensible sous le masque de leur gravité ordinaire. La conviction ou le désir de plaire entraîne parfois le conteur à des emportements de langage que les ennemis du fanatisme auraient peine à souffrir. L'auditoire suit l'orateur et vibre à l'unisson; il serait dangereux alors de s'y mêler et d'attirer l'attention par la moindre imprudence. Chez ce peuple sensible et irritable à l'excès, la religion prime tout le reste; il ne conçoit même pas une chose à laquelle elle ne soit mêlée. Ce sera longtemps encore pour nous un sujet d'étonnement et un motif de prudence. Mais, en général, à Tunis, les esprits sont modérés, et il n'y a aucun excès à redouter, si l'on veut sagement tenir compte des mœurs et des usages.

Les rues de la ville arabe sont propres. Depuis l'occupation, l'Administration multiplie ses efforts; elle a organisé les travaux de voirie, fait abonder l'eau en captant par des aqueducs les sources du *Djebel-Zaghouan*. Les rues ont des noms qui permettent d'en débrouiller le dédale autrefois impraticable; le gaz les éclaire, la nuit. Malgré les progrès réalisés, il reste encore beaucoup à faire, surtout dans les quartiers populaires.

LE QUARTIER JUIF

Les Juifs forment presque le tiers de la population de Tunis; on pénètre dans le quartier qu'ils habitent en suivant, à partir de la porte de France, la rue de la Marsah. Nous eûmes l'idée d'y faire une promenade un samedi, jour de fête. Il y a quelque chose d'assez imprévu dans le spectacle qui se présente aux premiers pas. Ces femmes énormes qui circulent avec peine ont l'air de citadelles branlantes : leur tête se balance sous une sorte de chapeau chinois chargé d'or et de breloques. Une petite blouse descendant à peine jusqu'aux hanches, un pantalon blanc serré au-dessous du genou, des bas et des sandales ornés de broderies, tel est le costume des femmes juives. Toutes sont ainsi vêtues, depuis les plus petites marchant à peine, jusqu'aux imposantes matrones qui étalent dans la rue leur embonpoint prodigieux. D'abord ces malheureuses font peine à voir; mais il paraît que l'embonpoint constitue une beauté essentielle : on se le procure même par un régime spécial, lorsqu'il ne vient pas assez vite. Aussi les femmes juives de Tunis ne craignent-elles point de rivales. Mais la régularité de leurs traits fait regretter cet excessif développement; il y en a de fort jolies. Les jeunes, sveltes encore, laissent aux respectables matrones l'ampleur majestueuse et

Femmes juives de Tunis.

le haut bonnet pointu qu'elles remplacent par un léger foulard de soie. Rien de gracieux comme cette coiffure aérienne. Et quelle variété de couleurs! C'est à désespérer de les peindre ou de les décrire : foulard de soie violet, petite blouse de soie rose, pantalon blanc, bas et mules brodés d'or; voilà un costume. Les autres varient à l'infini.

C'est aujourd'hui le sabbat; tout le monde est en fête : on se repose. Des groupes multicolores se forment, puis se fondent en bandes légères : des cris joyeux descendent des terrasses dans la rue. Voici une famille, véritable tribu, groupée dans la cour de sa maison : il est permis d'y jeter un coup d'œil en passant, car les maisons des Juifs ne s'abritent pas, comme celles des Arabes, derrière ces portes massives garnies de gros clous qui ne s'ouvrent jamais devant un regard curieux. La maison de Tunis appartient au genre mauresque. Une cour intérieure dallée, abritée quelquefois par un arbre, mais presque toujours rafraîchie par une fontaine, sert de salle commune. Tout autour, des arcades supportent une galerie sur laquelle ouvrent les appartements particuliers. Cette galerie est protégée elle-même par des murs épais du côté de la rue et une colonnade du côté de la cour. Au-dessus s'étend la terrasse. Des crochets solidement fixés aux quatre coins intérieurs permettent d'étendre au-dessus de la cour un voile qui la protège contre les feux du soleil. La lumière pénétrante du ciel africain, tamisée par cet écran léger, adoucit les couleurs et les fond en tons chauds et légers qui sont une fête pour les yeux. Rien d'aimable comme cette cour intérieure des maisons mauresques. On y trouve paix et fraîcheur durant le jour : le soir venu, la terrasse devient le salon de famille. Là, sous le ciel étoilé, dans la brise fraîche du soir, on s'oublie en de longues heures délicieuses. Les terrasses de Tunis présentent à la tombée du jour un spectacle inoubliable. Des silhouettes animées pointent de rouge, de bleu, de jaune le blanc écru des murs blanchis à la chaux. Ici et là une touffe de feuillage se détache, un palmier jette dans l'azur son gracieux panache. La richesse et la couleur pénétrante de ce tableau sont incomparables.

Tunis est le paradis des artistes. Tout y est sujet d'étude ou d'étonnement. La même rue n'a jamais le même aspect : il faudrait passer des journées entières dans le quartier de *Bab-el-Souïka*, errer dans les moindres ruelles, voir les remparts et leurs portes massives, se perdre dans le mouvement de la place *Halfaouine*. Un artiste en rapportera toujours des trésors.

LE RETOUR

ous eûmes de la peine à quitter Tunis ; mais, dans notre pensée, cette visite n'était qu'une exploration d'avant-garde, prélude d'un plus long séjour.

Nous partîmes de la Goulette par une mer assez agitée ; le lendemain, au lever du jour, les flots aplanis semblaient un immense miroir. A peine si notre hélice raye le cristal d'un léger sillon : aucun bruit dans l'air, aucun souffle ; une brise embaumée, rafraîchie par les eaux, caresse doucement le visage. On dirait qu'une fée invisible nous fait glisser sur l'azur transparent des flots en semant derrière elle une pailletée de brillants. De ma vie, je n'ai ressenti un calme si pénétrant. Quand elle le veut (mais elle est si capricieuse !) la mer est une enchanteresse.

La nuit tombe. C'est demain matin que nous arrivons. A l'aube, tout le monde est sur le pont. Voici *Planier*, l'étoile des marins égarés, l'œil des ports de Marseille : puis la sombre masse du *château d'If;* enfin, le splendide panorama de *Marseille :* le Pharo, le vieux port, que défendent Saint-Jean et Saint-Nicolas, comme deux dogues accroupis, la basilique, et, dominant le cirque immense, la colossale statue de Notre-Dame de la Garde. Nous entrons avec la majesté qui convient au port de la Joliette : la forêt de mâts qui l'encombre s'entr'ouvre et nous fait place.

Et bagasse! mon bon, nous sommes arrivés.

TABLE

V. — D'ALEXANDRIE AU CAIRE

VI. — LE NOUVEAU CAIRE

VII. — LE VIEUX CAIRE

VIII. — L'ANCIENNE ÉGYPTE

IX. — DU CAIRE A TUNIS

X. — EN TUNISIE

PARIS

LIBRAIRIES-IMPRIMERIES RÉUNIES

2, rue Mignon. — 10180.